대한민국 청춘의
아름다운 해외도전기

김승혜의
해외도전
청춘상담소

"이 책을 나의 영원한 슈퍼 히어로 아빠 김재승 님께 바칩니다."

대한민국 청춘의
아름다운 해외도전기

김승혜의
해외도전
청춘상담소

김승혜 지음

도서
출판 더 로드
The Rod Books

누구나 더 크고 새로운 세상을 꿈꾸며
자신의 한계에 도전하려는 열망을 가지고 있다.

익숙한 자신의 틀과 결별하고, 새로운 세상
그리고 스스로의 또 다른 잠재력을 조우하기 위해 떠나는 것이다.

누구나 더 크고 새로운 세상을 꿈꾸며 자신의 한계에 도전하려는 열망을 가지고 있다. 앞으로 나아가려는 동력과 안주하고픈 관성이 강하게 충돌하는 시기가 바로 청춘이 아닐까. 가장 때 묻지 않은 순수한 열망과 세상의 모든 열린 가능성, 그리고 미숙함과 불안, 조바심을 가득 안고 있는 이름, 바로 청춘이다. 이러한 충돌 없이 성장과 변화는 존재하지 않는다. 평화로운 에너지, 안정적인 창조는 없다. 깨지고 아픈 위험을 무릅쓰고라도 새로운 것에 부딪쳐보려는 용기가 필요하다.

글로벌 시대를 사는 우리의 활동무대는 이제 전 세계로 확장되었다. 대한민국 청춘들이 끝없이 해외도전의 문을 두드리고 있다.

누구나 여행 길에서 한층 성숙한 자아를 발견하고 돌아온다. 수많은 젊은이들이 어학연수, 워킹홀리데이, 교환학생, 해외봉사활동, 배낭여행 등을 위해 비행기에 오른다. 익숙한 자신의 틀과 결별하고, 새로운 세상 그리고 스스로의 또 다른 잠재력을 조우하기 위해 떠나는 것이다.

침체된 경제난과 청년 취업난으로 유학생이 줄었다고 하지만 해외 곳곳으로 워킹홀리데이, 해외취업, 교환학생, 어학연수, 배낭여행을 가는 숫자는 기아급수적으로 증가하는 추세이다. 또한 국내로 유입되는 외국 유학생이 9만명을 넘어섰다. 우리는 이미 지구 반대편의 누군가와 교류하고 있고, 선진국의 인재들과 경쟁하고 있는 것이다.

나는 감히 청춘에게 해외도전이 선택이 아닌 필수조건이라고 외친다. 이는 자아의 본질을 찾기 위한 진정한 여행이며 학교에서 배우지 못한 생생한 인생수업과도 같다. 평범한 내가 크고 비범한 모험가가 되어서 돌아온 것처럼 말이다.

젊은 층의 관심사인 해외도전에 대한 정보는 무분별하게 쏟아지고 있지만 그 안에서 갈피를 잡기란 쉽지 않다. 해외도전을 꿈꾸는 청춘에게 진정으로 필요한 것이 무엇일까 생각해 보았다. 국제무대에서 경쟁력 있는 인재의 조건은 무엇인가? 새로운 세상으로의 이륙을 어떻게 안정적으로 할까? 급변하는 환경 속에서 어떻게 잘 적응할 수 있을까? 하나부터 열까지 두려움이 클 것이다. 끝없는 자신과의 싸움을 하며 잘 가고 있는지 주저하는 청춘에게 도움이 될 고민상담소를 마련했다. 이 책이 세상의 수많은 젊은 도전자들에게 충고가 아닌, 언니 누나 혹은 친구의 응원 같은 힘이 되기를 바란다.

내가 해외에서 직면한 어려움을 풀어 누군가 공감하고 위안받는다면 얼마나 의미 있는 일인가 그 마음으로 책을 시작했다. 또한 안주하려는 자에게 자극이 될 수 있다면 얼마나 멋진 일인가 싶어 포기하지 않았다. 나의 7년 해외도전을 책으로 엮기란 내게도 용기가 필요한 일이었다. 사실 나는 불과 몇 개월 전만 해도 평범한 직장인이었다. 반복되는 일상 속에서 꿈도 방향도 없이 하루를 살아내기에 급급한 여느 청춘과 다름없었다. 그러한 쳇바퀴 안에서 이유 없이 무언가에 대한 갈증이 심해지다 못해 탈수에 이르고 말았다. 사막에서 물을 찾는 마음으로 내가 진짜 원하는 것은 무엇인가, 나의 꿈은 무엇인가 고민하기 시작했다. 마음 속 깊이 숨겨둔 무언가가

꿈틀대는 것을 느꼈다.

　나는 직장을 정리하고 다시 강연을 하며 나의 이야기를 써나가기 시작했다. 흔하디 흔한 경험 같았던 나의 도전은 결코 의미 없는 허울이 아니었다. 시대를 막론하고 익숙한 굴레를 벗어나는 여정이야 말로 성장을 위한 첫걸음과도 같다. 많은 이들의 그 발걸음에 힘을 보태주겠다는 소명을 찾은 것이다. 나 역시도 한국을 떠나며 그리고 작가가 되며 한 겹 허물을 벗어내는 변태의 고통을 달고 쓰게 삼켰다.

　내일 죽어도 글쓰고 강연하는 일을 멈추고 싶지 않을 만큼 즐거운 일, 나의 '업'을 찾기까지 그 길이 평탄한 것만은 아니었다. 그러나 사람이 자신만의 길을 찾고 나면 그때부터 마법이 시작된다고 하지 않는가? 그 믿기 어려운 꿈을 직면하고 나니, 삶의 가치관을 송두리째 바꾸어준 스승, 나의 미래를 그 누구보다도 강력하게 믿어준 멘토, 무한한 격려와 응원을 아끼지 않은 사람들이 나타났다. 김태광 총수님은 본인의 미약하기만 했던 꿈에 숨을 불어 넣어준 분이다. 또한 내 수업을 듣지만 인생선배로서 오히려 내게 수많은 가르침을 준 학생들에게도 감사의 인사를 표한다. 마법처럼 내 인생에 나타나 부족한 원고를 믿고 작업해 준 도서출판 더로드 조현

수 대표님께도 감사 드린다. 그리고 마지막으로 사랑과 정직의 가치를 가르쳐준 든든한 지원자, 아빠 엄마께 못난 딸을 믿어줘 고맙다는 말을 전한다.

2015년의 마지막 날

저자 김승혜

나는 아직도
발걸음을 멈추지 않았다.

졸업식은 영어로 새로운 시작을 뜻하는
Commencement이다.
이는 내 인생의 또 다른 시작에 불과했다.

Contents

Chapter05 • | 7년의 해외도전이 내 인생을 바꾸었다

언어 한 마디 안 통하는
생무지에 떨어지면 어른이건 어린 아이이건
맨 땅에 헤딩하며 배우기라는 법칙에
예외가 있을 수 없다.

01

안 된다고 하지 말고
2년만 미쳐라

혼자 점심 먹는 아이

나는 내가 만들어 놓은 '말 없는 동양 아이'의 가면에 갇혀 버렸다.
그렇게 외롭고 쓸쓸한 교환학생의 첫 해가 가고 있었다.

●영화 속 미국 학교의 한 장면을 한 번 떠올려 보자. 잔디가 깔린 어마어마한 학교, 길게 서 있는 로커 앞에서 이야기하는 학생들, 잘 생긴 풋볼 선수들과 늘씬한 금발의 치어리더까지……. 내가 미국에서 처음 가게 된 고등학교의 모습도 딱 그랬다. 교환학생 프로그램은 외국 학생들에게 공교육을 똑같이 받을 수 있는 기회를 제공한다. 영화에서나 볼 법한 그 장면 속에서 특별한 점이 있었다면 내가 그 안에 있다는 것이었다.

이른 아침, 노란 학교셔틀버스가 오는 정거장으로 나갔다. 하나 둘 씩 나타난 아이들이 신기한 표정이었다. 나를 구경하는 아이들 틈에서 나는 동물원의 원숭이가 된 것 마냥 숨고 싶은 마음뿐이었다. 그 중 따뜻하게 인사를 건네는 아이들도 있었지만, 영어 울렁증

에외국인 울렁증까지도 사로잡힌 나에게는 그저 또 다른 두려움의 대상일 뿐이었다. 버스에 타자 터프해 보이는 여성기사 분이 인사를 건넸다. 나는 그 기사 바로 뒤에 찰싹 붙어 앉았다. 그 버스기사는 나를 '스윗하트 sweet heart' 라고 불렀다. 스윗하트라고 불리던 나는 그 날 돌아오는 길에 집이 어디인지 몰라 그 버스기사를 애먹이기도 했다.

학교에 발을 내딛고, 아이들이 우르르 가는 쪽으로 향하여 교무실을 찾아 갔다. 스케줄을 정하고 첫 교실로 들어갔다. 띄엄띄엄 단어로만 들리는 선생님의 말에 미소로 연신 답했다. 하지만 주위를 둘러보니 나를 더욱 겁나게 만들었던 것은 어느 곳이나 가득한 흑인 학생들이었다. 어느 나라 애들인지 모를 거무스름한 피부색의 인종도 많이 보였다. 이 친구들은 멕시칸히스패닉이었다. 단순히 백인들만 있는 미국을 상상했던 나에게 뮤직비디오에서나 보던 힙합 옷차림에 레게 머리의 흑인들이 이렇게 많다니! 모든 것이 새롭고 놀라웠다. 한편으로는 동양인인 나의 존재가 이 아이들에게도 엄청 신선했나 보다. 모두 나를 호기심과 놀라움이 어린 눈으로 쳐다봤다. 내가 무슨 동양에서 온 신비한 존재라도 되는 듯 말이다.

나중에 알고 보니, 미국 남동부에 위치한 플로리다는 멕시코 만과 매우 가깝다. 흑인과 히스패닉이 매우 많아 다양하고 개방적인 문화가 한데 어울린 곳이다. 이 작은 시골 마을에 동

나를 '스윗하트'라고 부르던 통학버스기사. 등교 첫날 길을 몰라 그녀를 애먹인 적이 있다.

스페인어를 써서 소통에 어려움이 있었지만, 내게 항상 따뜻한 버팀목이 돼준 멕시칸 친구들 마리아, 애나와 함께.

양인이 거의 없었으므로 나는 이 아이들의 호기심을 발동하기에 충분한 존재였다. 실제로 이 어마어마한 학교에 동양아이라고는 나뿐이었다.

내가 상상하던 미국 학교의 모습은 매 교시 마다 학생들이 다른 교실로 이동하는 것이었다. 수업이 끝나고 나는 어리둥절한 채 반 아이들과 다른 교실로 이동했다. 학교마다 약간씩 다르겠지만 이 학교의 시간표는 오전에 학생들이 원하는 진로에 따라 필수수업이 있고 점심시간 후에 개별적으로 선택한 취미수업으로 짜여 있었다. 매 교시마다 안 되는 영어로 인사하기도 버거운데 수업 내용이나 교과서의 글자는 전혀 들어오지 않았다.

2교시가 되어야 겨우 고개를 들고 찬찬히 반 아이들을 살펴보기 시작했다. '내가 누구와 친해질 수 있을까,' '수업 내용이 어디인지 누구한테 물어봐야 친절하게 대답해 줄까?' 등 여러 가지 궁금증이 들었다. 하지만 만만해 보이는 친구가 없었다. 장난꾸러기 남자애들, 드센 표정과 거친 말투의 흑인여자애들, 어딘가 모자라 보이는 아이, 엄청난 체구의 비만친구, 다가갈 엄두가 안 나는 포커페이스의 아이…… 사면초가였다. 내가 비빌 구석이 아무데도 없었다. 하물며 멕시칸 중 영어를 못하는 친구도 많았다. 용기 있게 말을 걸었는데 영어를 못한다니, 미국 사람 맞나 싶기도 했다. 그럴 때는 참으로 난감하기 짝이 없었다.

다행히 그 중 아주 예쁘고 성숙해 보이는 아이 하나가 눈에 띄었다. 수업을 옮길 때 무조건 그 아이 뒤에 앉았다. 나이는 나와 비슷한데 신체적 발육이나 옷 입는 스타일, 행동거지며 말투가 아름다운 아가씨의 자태였다. 내 질문에 착하게 대답은 해 주었지만 워낙 말이 없고 냉랭한 기운이 도는 아이였다. 그래도 엄마를 쫓아다니는 아이 같은 마음으로 그 친구를 따라다녔다.

점심시간이 되면 그 아이의 뒤를 쫓아가 학교식당에 내려갔다. 1불 75센트의 점심은 피자, 샌드위치 등 매일 메뉴가 조금씩 달랐다. 여기가 어디인지, 어떻게 줄을 서는지, 어떻게 밥을 받는지 어리둥절한 가운데, 어느새 내 손에 점심이 들려 있었다. 자리를 잡고 그 아이랑 둘이 앉아 밥을 먹었다. 사실 나는 사교적이고 밝은 성격으로 편안한 분위기를 만드는 데 일등이다. 그런데 어딘지 모르게 새침한 이 아이와 단 둘이서 조용히 밥을 먹는 것이 영 어색했다. 이 아이도 원래 말이 없는 성격인데 그나마 던지는 몇 가지 질문도 못 알아듣는 내가 답답했을 것이다. 그렇게 우리의 어색한 점심을 마치고 인사를 나눈 채 각자의 교실로 향했다. 나는 크나큰 학교에서 A건물, B건물이 어디인지 한참을 헤매다 늦게 서야 교실에 도착했다.

영어를 잘 못하는 탓에 선택과목은 내가 잘 할 수 있는 활동 위주의 수업을 들어야겠다고 생각했다. 요리와 미술이었다. 다행히 말없이 무엇인가 만들면 되니 부담이 없었다. 미술시간이나 요리시간에는 나에게 말을 붙이는 아이들도 있었지만, 내 영어가 워낙 미흡하기도 하고 그들의 말에 어떻게 대응해야 하는지 난감하기만 했다.

김승혜의 해외도전 청춘상담소

그러던 어느 날 그나마 의지했던 그 예쁜 아이가 수업에 들어오지 않았다. 놀라서 다른 아이들에게 물어봐도 뭐라고 설명하는지 알아들을 수가 없었다. 이윽고 점심시간이 다가왔다. 나는 점심을 사긴 했는데 누구와 먹어야 할지 까마득했다. 반 친구들 중 나와 밥을 먹을 만큼 말을 섞어본 아이도 없었지만 학교가 엄청나게 컸기 때문에 점심시간이면 다들 어디로 사라졌는지 보이지도 않았다. 그렇게 나는 혼자 구석에 자리를 찾았다. 기계적으로 입에 피자조각을 우겨 넣었다. 점심시간은 왁자지껄한 분위기 속에서 웃음소리와 장난치는 소리가 가득 찬 시간이었다. 하지만 나는 교과서를 뒤적이는 척 하며 혼자 점심을 먹었다. 호기심에 몇 번 나에게 다가와 말을 건네는 아이들도 있었지만 나는 그 애들이 묻는 말을 알아들을 수 없었다. 먼저 다가왔던 아이들과 친구가 되기에 나의 센스나 재치는 한없이 부족했다. 그렇게 나는 한동안 혼자 점심을 먹는 아이가 되었다.

사실 너무나도 외로웠다. 하지만 나는 그 사실을 인정하지 않았다. 자존심이었을까 긍정마인드였을까? 아무 생각 안 하려고 노력했다. 생각을 하기 시작하면 스스로가 더욱 비참하고 초라하게 느껴질 테니. 항상 바쁘게 책을 펴보며 당당한 척 해 보였지만 매일 점심시간에 그러고 있기는 쉬운 일이 아니었다. 솔직히 매우 곤욕스러웠다. 이렇게 한동안 혼자 점심시간을 보내다가, 나중에는 착한 멕시칸 아이들과 우연히 같이 앉는 계기가 생겼다. 하지만 영어를 할 줄 모르는 그 아이들과 얼마나 깊은 소통을 했겠는가. 멕시칸의 언어는 스페인어 이다. 사실 처음에는 영어를 잘 하는 친구가 하나 있어서 이 그룹에 스스럼없이 낄 수 있었다. 그런데 그 친구마저 곧 임신을 해서 학교에 나오지 않게 되었다. 꾸어다 놓은 보리 자루처럼 가만히 앉아서 눈치만 살폈다. 영어도 못 알아듣는데, 마구 쏟아지는 스페인어 속에서 꾸역꾸역 밥을 먹었다.

이렇게 학교에서 말 한 마디 못한 채 유학생활의 첫 해가 시작되었다. 활발하고 오지랖이 넓어 남을 도와주고 참견하고 다니기를 좋아하는 아이는 사라져 버렸다. 냉담한 듯 혹은 겁먹은 얼굴로 남들과 눈을 맞추지 않으려 했다.

몇 개월이 지나서는 말도 어느 정도 트이고 귀도 트여서 먼저 친구들에게 다가가고 싶어졌다. 하지만 얼음 공주 혹은 돌부처? 같은 이미지가 박혀 버린 나에게 반 애들은 이러면서 아예 다가오지 않았다.

"수Sue: 나의 영어이름는 원래 이런 거 안 끼잖아. 안 좋아할 거야."

내가 용기 있게 먼저 가면을 벗었으면 참 좋았을 것을. 미친 척 한번 했으면 그렇게 어렵지 않았을 텐데. 나는 내가 만들어 놓은 '말 없는 동양 아이'의 가면에 갇혀 버렸다. 그렇게 외롭고 쓸쓸한 교환학생의 첫 해가 가고 있었다.

열여섯 살, 미국 맨 땅에 헤딩하기

언어 한 마디 안 통하는 생무지에 떨어지면 어른이건 어린 아이이건
맨 땅에 헤딩하며 배우기라는 법칙에 예외가 있을 수 없다.

영어를 멋들어지게 하는 나를 보고 어떤 사
람들은 어렸을 때부터 외국에 살았냐고 묻는다. 물론 나는 뼈 속까
지 한국인이고 당연히 모국어가 더욱 편하다. 하지만 오랜 세월 영
어 강의를 하다 보니, 한국어 보다 영어 수업이 더 매끄럽고, 한국
말을 할 때도 영어가 먼저 떠오르기도 한다. 하지만 이런 나도 열여
섯 살 처음 미국에 가서 좌충우돌 맨 땅에 헤딩하는 식으로 하루하
루를 버텼다.

교환학생으로 떠나는 공항 게이트로 들어가며 더 씩씩한 척 밝
게 가족을 향해 손을 흔들었다. 그러나 사실 울지 않으려고 이를 악
물고 있었다. 비행기를 혼자 타고 그 오랜 시간을 뒤척이며 서빙 되

는 음식을 받아먹고 미국 입국 서류를 작성하는 것까지 새롭고 낯선 일들의 연속이었다. 입이 마르고 긴장으로 온 몸에 힘이 들어갔다. 장시간의 비행이후 비행기가 덜컹이며 착륙이 시작되었다. 이내 시야에 드넓은 땅이 들어왔다. 난생 처음 보는 미국 땅이자 내가 앞으로 모험을 시작할 세상이라는 생각에 더욱 광대하게 느껴졌다.

미국 땅에 발은 내디뎠지만 아직 갈 길이 멀었다. 플로리다까지 가려면 환승을 해야 했다. 짐을 찾아야 하는지, 비행기에서 내려서 어디로 가야 하는지 그저 막막한 마음뿐이었다. 도움을 요청할 수 있는 한인 승무원도 없었다. 한국의 영역을 벗어나 새롭고 낯선 세상으로 홀로 떨어지는 순간이었다. 나는 두려움에 휩싸였다. 사람들이 가는 쪽으로 따라가서 전자사전으로 이정표를 하나하나 찾아가며 걷기 시작했다. 갑자기 헬렌 켈러가 얼마나 힘들었을까 하는 생각이 들었다. 나는 갑자기 귀머거리, 장님, 벙어리가 되어버렸다. 영어로 쏼라쏼라 하는 소리가 한 귀로 들어 왔다 머리를 한껏 휘젓고 다른 한 귀로 나갔다. 속사포처럼 빠르게 나오는 공항 안내 방송은 나를 더욱 두렵게 했다. 손에 땀이 흥건해졌다.

우여곡절 끝에 환승구역으로 들어가 나의 비행기 표를 확인하니 자그마치 7시간 뒤 출발이었다. 내가 시간을 잘못 알고 있는 것일까? 불안한 마음에 지나가는 사람을 붙잡고 서너 번 시간을 확인했다. 내 시계는 정확한데 이렇게 오래 기다린다는 것이 말이 안 된다고 생각했다. 무엇인가 잘못 되었나 싶어서 한국 유학원 이나 미국

점심을 함께 먹던 멕시칸 친구들에게 스페인도 몇마디 배웠다.

개구지고 짖궂었지만 마음만은 따뜻했던 우리 반 친구들과 법과목 선생님.

홈스테이 집으로 전화를 걸어 확인하려고 했다.

'그렇다면 내가 플로리다에 도착했을 때 누가 나를 데리러 올까? 내가 미아가 되는 건가? 여기 미국에서?

이런 질문들이 꼬리를 물고 이어졌다. 눈은 튀어나올 듯했고 입은 더욱 바싹바싹 말라왔다. 그 때 느꼈던 공항의 냄새, 공중전화 근처의 정황이 어렴풋이 떠오른다. 긴장으로 가득한 불안의 냄새였다.

답답한 마음은 극에 달했다. 하물며 전화번호는 있는데, 공중전화기로 전화 거는 법을 모르는 것이다. 정말 미치고 팔짝 뛸 노릇이었다. 한국에 지역번호가 있듯이 미국도 지역 번호가 있다. 그 전에 국가번호도 있다. 미국 내에서는 국가번호 없이 지역 번호만 붙여서 걸면 되었다. 이마저도 몰랐으니 번호를 누르는 내 손이 다급해졌다. 무작정, 여러 가지 조합으로 전화를 계속 걸었다. 처음에는 어떤 동전을 넣어야 하는지도 몰라 엄청난 동전을 계속 넣었던 것이 기억난다. 수화기로 들리는 안내음성이 원망스러웠다. 땀이 주르르 흐르고 금방이라도 울음이 터질 것 같았다.

지나가는 사람들에게 도움을 받아 결국 약 한 시간 만에 플로리다로 전화를 거는 데 성공했다. 플로리다 쪽에서 누군가 "헬로우 Hello?"를 외쳤다. 그런데 당황한 나는 꿀 먹은 벙어리가 되어 전화를 확 끊고 말았다. 얼른 사전을 써가며 할 말을 적어보았다. 미국 사람과 전화를 해 본적이 있어야지. 얼굴을 보고 말 하는 것도 어려운데, 손짓, 발짓, 표정과 입 모양을 볼 수 없는 통화는 소통이 상당히 어렵다.

여러 번의 시도 끝에 다시 통화가 되었다. 물어보니 내 비행기 표는 정확했다. 어이없게도 힘겹게 걸었던 전화가 평온하게 이따가 보자며 마무리 지어졌다. 당시에는 생각할 겨를도 없었지만, 유학원에서 긴 연착시간의 가장 싼 티켓을 주었고 나는 그에 대한 아무런 사전설명도 듣지 못했던 것이다. 부모님도 유학원만 믿고 그 것까지는 미처 신경 쓰지 못했다. 나 역시 이런 상황을 예측하거나 미처 확인해 볼 생각도 못했다. 전화 통화 단 2분. 이 2분을 위해 씨름한 것이 거의 한 시간. 수화기를 내려놓자 확 피로가 몰려왔다. 그제야 조금 불안이 가셨다. 그 날 7시간의 기다림은 내게 지옥과 같았다. 그것이 내가 미국에 발을 내딛고 처음 겪은 일이었다.

처음에는 식당에 가는 것도 참 곤욕스러웠다. 개인주의 문화가 배어 있는 미국은 메뉴 하나를 시킬 때도 손님 개개인의 식성이나 먹는 방식을 크게 존중한다. 이 지나친 배려 때문에 나는 밥 한번 시켜 먹는데도 긴장이 됐다. 스테이크를 하나 시켜도 여러 가지 질문이 쏟아진다. 한국 사람들도 '웰던, 미디움, 래어'의 스테이크는 많이 알고 있다. 미국에서 까다롭게 주문하는 사람들은 고기 익기의 그 미묘한 정도까지 세심하게 짚어 이런 식으로 주문을 한다.

"미디움과 래어 사이인데 래어에 가깝게 해주세요."

간은 빼고 허브양념 뭐는 안 된다는 등 요구가 아주 세세하다.

이런 식이니 요리 하나 시키는 데만 웨이터의 질문이 쏜살같이 쏟아진다. 또한 애피타이저로 수프나 샐러드를 묻는 질문에 하나를 간신히 대답하면, 또 그 종류만 해도 보통 다섯 가지가 넘는다. 주문은 나를 여러 번 당황시켰다. 그래서 하루는 준비를 철저히 해갔다. 당당하게 허니 머스터드 드레싱을 시키며 안도의 미소를 지었다. 그런데 놀랍게도 점원은 친절하게 웃으며 또 질문을 던졌다.

"Would you like the dressing on the side or not 드레싱을 뿌려드릴까요 따로 드릴까요?"

그래서 미국에 처음 갔을 때 제일 좋았던 음식점이 패스트푸드점이었다. 메뉴의 사진이 있고, 번호가 매겨져 있어서 무조건 '넘버원'을 시키면 별 문제 없이 주문을 마칠 수 있었기 때문이다.

나는 고등학교 때 교환학생으로 갔으니 그나마 빨리 매를 맞은 편이었지만 대학교 때 유학을 온 친구들은 문화와 언어의 적응이 더뎌 많이 곤혹스러워 했다. 그 중 한 친구는 패스트푸드점에 가서 당당히 번호로 주문을 했다. 그랬더니 예기치 못하게 점원이 억센 흑인 억양으로 질문을 하는 것이다. 물론 억양이 있는 영어는 더 알아듣기가 어렵다.

"Super salad?"

큰 사이즈의 샐러드를 준다는 말로 알아듣고 대충 "예스!"를 외쳤다. 그러자 그 점원이 더 짜증 섞인 목소리로 물었다

"Super salad?"

이 질문에 또 "예스."라고 했더니 그 점원 표정이 점점 구겨지는 것이었다. 당황한 친구는 그렇게 하기를 한참이나 반복하다가 원래 점원이 질문한 바를 깨달았다.

"Soup or salad 수프나 샐러드를 드릴까요?"

둘 중 하나를 골라야 했던 것이었다. 그런데 친구가 잘 못 알아듣고 한참이나 "예스! 예스!"를 외치고 서있었던 것이다. 이 이야기를 들었을 때 모두 다 비슷한 경험이 있었기에 모두 배꼽을 잡고 웃었다.

처음 미국에 갔을 때 무조건 현금만 썼기 때문에 잔돈으로 받은 동전이 넘쳐나곤 했다. 미국은 주마다 물건 가격에 각기 다른 세금이 붙는다. 지불하는 가격이 딱 떨어지는 숫자가 아니다. 그러니 잔돈이 엄청 나올 수밖에. 어느날은 동전이 모여도 너무 많이 모였다 싶었다. 친구와 나는 가방에 묵직하게 쌓여가는 이 골치 덩어리를 해결해야겠다고 마음먹었다. 아예 뻔뻔하기로 작정을 하고 20불도 넘는 피자를 동전으로만 계산했다. 아마 점원은 못 말리는 아이들이라고 욕을 했을 것이다. 누군가와 한마디 말을 나누거나 물건 하나 살 때도 심호흡이 크게 필요했다. 잠시도 긴장을 놓을 수 없었다.

학교 공부도 공부지만 등교 첫날은 학교에 무사히 갔다가 오는 것도 일이었다. 노란 셔틀버스를 타고 돌아오며, 내 집이 어디인지 몰라 크게 애를 먹었다. 그도 그럴 것이 미국 땅에 온 지도 얼마 안 되어 집과 동네 풍경이 모두 낯설기만 했다. 등교할 때 내가 사는 집 주소나 돌아가는 약도 등을 미처 챙기지 못했던 것이다.

그 정도였으니 학교 공부는 어느 정도였겠는가. 정말 아무 말도 못 알아들은 채 앉아만 있기를 몇 달이었다. 사정을 딱하게 본 선생님들이 과제나 발전 위주로 성적을 평가했다. 그러나 첫 학기 법 수업에서 선생님은 성적을 매길 수 없다며 아예 어떤 점수도 주지 않았다. 그 성적표를 받아보았을 때, 비어있는 성적표를 멍하니 한참이나 바라보며 얼마나 낙심했는지 모른다.

모든 시작에 두려움과 시행착오가 있기 마련이다. 언어 한 마디 안 통하는 생무지에 떨어지면 어른이건 어린 아이이건 맨 땅에 헤딩하며 배우기라는 법칙에 예외가 있을 수 없다. 하지만 하루하루 시간이 쌓이고 하나씩 배워가기 시작한다. 더디고 아프고 깨지고 창피한쪽 팔리는 경험 투성인 것을. 누군가 외국에서 오늘 하루 쥐구멍으로 숨고 싶은 일이 있었다면 아주 잘 하고 있는 것이라고 격려 박수를 쳐주고 싶다. 지금 나는 자신 있게 말할 수 있다, 오늘 맨 땅의 헤딩이 내일의 나를 더욱 단단하게 만들어 준다는 것을.

노력은 절대적으로 중요하다

외국어 공부나 다이어트는 만인이 항상 도전하고 실패하는 것이기도 하다.
이렇게 실패가 잦은 데에는 '빨리'와 '쉽게'를 바라는 조급함 때문이다.

"어떻게 하면 단어가 잘 외워지나요? 저는
외워도 이상하게 까먹어요."

"저는 나이가 너무 많아서 머리가 안 돌아가요."

"바빠서 공부할 시간이 도저히 안 나네요."

여러 학생들이 영어 공부를 하며 푸념 반 고민 반 상담을 청한
다. 울상 가득한 표정으로 상담을 하고 나면 마음이 조금 가벼워지
나 보다. 다양한 직종과 연령대의 학생들이 영어를 공부하며 어려
움을 겪고 있다. 그 중 남녀노소를 불문하고 가장 많이 해오는 질문
이 있다.

"어떻게 하면 영어 공부를 쉽게 하나요?"

학생들은 아주 진지하게 묻는다. 솔직히 그런 질문을 받으면 빙그레 웃기는 하지만 딱히 해줄 말이 없다. 그 질문을 던지는 학생이 안쓰럽기 때문이다. 공짜를 바라는 떼쟁이 같은 마음이 안쓰럽기 때문이다. 겉으로는 웃어 보이지만 속으로는 딱 잘라 말한다. 지름길은 없다고!

성공한 사람들이 쉽게 그 자리에 올랐다고 생각한다면 크나큰 오산이다. 그렇듯이 언어를 마스터하기까지도 피나는 노력이 필요하다. 외국어 공부나 다이어트는 만인이 항상 도전하고 실패하는 것이기도 하다. 이렇게 실패가 잦은 데에는 '빨리'와 '쉽게'를 바라는 조급함 때문이다. 하지만 거꾸로 생각해 보면, 이것만큼 노력한 그대로 정직하게 결과가 나오는 것도 없다. 정확하게 기울인 시간과 정성만큼 결과가 나온다. 약을 먹고 단기간 안에 살을 빼면 요요현상이 오듯이 언어를 쉽게 빨리 마스터할 수는 없다.

나는 중학교 3학년 때부터 본격적으로 영어공부를 했다. 현명한 엄마는 과외선생님과 짜고 내가 결국 외고입학에 실패할 줄 알면서, 높은 목표를 향해 도전하게끔 하셨다. 나의 공부는 엄청난 양의 단어암기부터 시작했다. 외울수록 자신감과 재미를 느끼곤 했다.

일 년 뒤 교환학생으로 미국에 가서는 이 모든 노력이 다 소용없이 귀머거리, 벙어리가 된 나를 발견했다. 이제는 생존하기 위해 더욱 치열하게 매달려야 했다. 그 결과 고등학교 졸업 시 우수한 성적으로 대통령상도 수상했으며, 명문 주립대에서 복수 전공으로 성적 또한 매우 우수했다. 나중에 미국대학원 시험까지 도전하며 현지인들도 생소한 수준급의 어휘를 익히기도 했다. 현재 영어강사로 활동하며 배우는 자의 고충을 백분 이해하고 스스로 터득했던 공부비결을 그대로 적용해 가르치고 있다. 나는 나만의 이 특별한 수업 방식에 자부심을 갖는다.

다시 '어떻게 하면 영어를 잘 할까?' 의 질문으로 돌아가 보도록 하자. 제일 먼저 필요한 것은 단어 암기이다. 단어는 외국어공부의 기본 중의 기본이다. 벽돌이 있어야 건물을 짓듯이, 충분한 단어량이 있어야 듣기와 말하기가 트이게 된다. 열 개의 벽돌 가지고는 건물을 지을 수 없듯이 충분한 단어량이 필요하다. 천 개, 만 개 높고 넓게 짓고 싶은 만큼 준비해야 한다.

단어 암기에 있어 나만의 특별한 비법이 있다. 단어암기를 한 번에 세 배, 네 배로 늘릴 수 있는 방법이다. 나는 이 비법을 '곱하기 영어' 라고 칭한다. 그 비법은 바로, 단어 하나에 그 동의어와 반의어를 한꺼번에 외우는 것이다. 이러한 방법이면 한 단어에 딸려 오는 단어가 많게는 다섯, 여섯 개까지 늘어난다. 염전에서 소금을 쓸어 담을 때, 손 한 뼘 길이의 쓸개로 쓸어 담는 것과 2미터짜리 널찍한 쓸개로 쓸어 담는 것 중에 어떤 것이 더 효과적일까? 물론 단어 한 개만 달랑 외우는 것에 비해 여러 개를 함께 외우려면 힘이 더

들기 마련이다. 하지만 조금 힘이 더 들더라도 넓은 쓸개로 소금을 쓸어 담는 것이 더 효과적이고 빠르다. 이 때 수준에 맞는 쉬운 단어부터 시작하기를 권장한다.

또 다른 실전 팁은 '자신만의 단어노트 만들기'이다. 그 때 그 때마다 모르는 단어를 자신만의 노트에 정리해 두는 것이다. 여백을 두고 굵고 큰 글씨로 깔끔하게 정리하는 것이 좋다. 매일 학교 공부를 따라가기 위해 이렇게 교과서와 씨름을 하곤 했다. 법과 과학 수업은 정말 쥐약이었다. 찾아야 할 단어가 너무 많아서 전자사전이 성전이라도 되는 듯 모시며 부지런히 단어를 찾아 정리를 해두었다. 수업에서 3페이지를 공부했으면 그 중 모르는 단어는 수십 개, 많게는 수백 개가 되곤 했다. 나는 큼직한 글씨로 단어를 정리한다. 나중에 눈에 쉽게 들어오도록 하기 위해서이다. 그렇게 해서 교과서를 이해하고 그 단어까지 정복해야 그 날의 공부가 끝난다. 틈틈이 모르는 단어를 정리해 둔 그 노트만 보면 별다른 노력 없이 암기력이 크게 향상된 것을 느낄 수 있다. 나중에 같은 단어가 나왔을 때, 기가 막히게 기억이 나서 희열을 느낀 적이 여러 번 있다. 직접 꾹꾹 눌러쓴 단어가 그대로 머리에 입력이 되기 때문이다.

많은 사람들이 단어를 암기할 때 구멍 뚫린 독에 물 붓는 것 같은 마음에 좌절한다. 한두 번 인내심 있게 단어를 찾고 외우다가도 별 소용이 없는 것 같아 포기하고 만다. 누구나 이 막막한 심정을 느껴본 경험이 있다. 하지만 우리 뇌는 원래 한 단어를 일곱 번은 봐야 외워진다고 한다. 하물며 뇌는 하나를 배우면 두 가지를 까먹는다고 하니 속담처럼 하나를 가르쳐 주면 둘을 아는 사람은 천재들뿐이다.

공부할 때 무언가 억울한 기분이 들 때가 다반사이다. 마치 머릿속에 지우기가 든 듯말이다. 조바심을 내려놓고 한 번 외운 단어를 다시 찾는 거라면 '이제 여섯 번만 더 보면 되겠구나.' 하고 편히 생각하면 된다. 그렇기 때문에 단어를 한 권의 노트에 잘 정리해 놓는 것이 시간과 노력을 줄여주는 데 크게 효과적이다.

하지만 나도 영어를 월등하게 잘 하는 친구가 있어서 그 비결을 궁금해 한 적이 있다. 그가 원래 언어적인 감각이 탁월한 것인가 해서 부러워하곤 했다. 나중에 우연히 그 친구의 비결을 알게 되었을 때 나는 혀를 내두를 수밖에 없었다. 단순히 그 친구는 나보다 더 피나는 노력을 기울이고 있었다. 교과서나 책에서 멋지다고 생각되는 문장을 다 정리해 외워버려서 완벽히 자신의 것으로 만들어 버렸다. 그 친구는 말할 때나 글을 쓸 때나 어휘나 표현법이 월등히 탁월했는데, 그런 숨은 노력이 있었기에 가능했던 것이다. 유창하고 매끄러운 영어는 노력 없이 이루어지지 않는다. 누구에게나 맞는 공부방법이 다를 수는 있다. 하지만 모두에게 공통적으로 해당되는 사항은 바로 노력은 절대적으로 필요하다는 것이다.

요즘 즐겨 보는 TV프로그램 〈냉장고를 부탁해〉가 있다. 일류 셰프들이 게스트의 냉장고에 있는 음식을 활용해 15분 만에 뚝딱 최고급의 요리를 선보인다. 화려한 요리의 향연이 펼쳐지는 동안 팽팽한 긴장감이 유지된다. 셰프들의 창의적인 아이디어와 빠른 손놀림에서 그 내공을 엿볼 수 있다. 그 중, 프렌치 요리 전공인 오세득 셰프가 한 인터뷰 쇼에 나왔다. 그는 미국 유학 시절 이 년 동안 4시간 이상 자 본 적이 없다고 고백했다. 자기의 분야에서 최고가 되기 위해 피나게 노력한 그 모습이 눈에 그려지는 듯 했다. 그리고 스타 토익 강사 유수연 씨는 영국에서 유학 중 하루 열두 시간에서 열다섯 시간 공부하는 것을 당연하게 여겼다고 한다. 유수연 씨는 이때를 떠올리며 '숨도 공부로 쉬는 것 같았다' 고 했다.

쉽고 빠른 길은 없다. 인생에 지름길이란 존재하지 않는 것처럼 말이다. 이들처럼 노력해 본 적이 있는가? 영어가 안 된다고 불평불만을 터뜨리는 학생들에게 들려주고 싶은 일침이다. 18세기 영국의 정치가이자 외교관이었던 필립 체스터필드 경의 말이다.

"무엇을 하든 간에 제대로 하라. 건성으로 하지 말고 철저히 하라. 일의 근본을 살펴라. 내 생각에는 절반만 한 것이나 절반만 알게 된 것은 결코 제대로 한 것도, 아는 것도 아니다. 그게 아니라 종종 틀린 길로 이끌기 때문에 더 나쁘다."

어느 정도의 노력만 기울이고 눈에 띄는 성과를 기대하는 것은 욕심이다. 성글지 않은 노력에 기대는 것은 자만이다. 많은 사람들이 자신은 열심히 살고 있다는 위안을 받기 위해 영어공부를 한다. 어떠한 목표도 기한도 없이 남들 하기에 하는 공부 말이다. 그러면서 열심히 하는데도 왜 안 되냐고 궁금해 한다. 그러면 나는 혹시 공부법의 효율성에 문제가 있는지 싶어서 되묻는다.

"본인에게 맞는 공부법은 뭐에요?"

"네? 공부법이요?"

"'시각을 자극하는 학습법이 맞는다.' 아니면 '청각이 예민해서 듣기를 공략하는 게 맞는다.' 뭐 이런 거요. 자신에게 맞는 효과적인 공부법 없으세요?"

"……."

이 질문에 시원하게 대답해 줄 수 있는 학생은 드물다. 여러 가지 시행착오도 충분히 겪어보지 않고 닦달을 해도 얻어지는 것은 없다.

안 된다는 투정 이전에 사생결단의 마음가짐이 먼저 선행되어야 한다. 그러한 결심 앞에서라면 나이의 한계, 시간의 한계, 머리의 한계를 모두 극복할 수 있으리라. 연세가 지긋한 학습자는 세월에 굳어진 머리를 탓하고, 말랑말랑한 두뇌를 가진 젊은 학습자들은 바쁘다고 변명을 한다. 그러나 진정한 노력을 기울이는 사람은 변명도 이유도 없다. 하는 만큼 실력이 느는 것이 영어다. 게으르고 풀어지고 싶은 자신을 넘어 서라. 그러한 결심이 없다면 5년, 10년을 공부해도 마찬가지이다. 피나는 노력을 기울이지 않으면 절대 더 나아질 수 없다.

홈스테이 가족의 눈치를 보는 신데렐라

눈치를 본다는 행위의 주체가 바로 나 자신이다. 과연 그 당시 홈스테이 가족이 눈치를 주었던 것인지 내가 눈치를 본 건지 모르겠다.

학교에서 돌아오면 오후 3시. 홈스테이 시스터, 스테이시Stacy와 간식을 먹고 그 날 있었던 일을 이야기 나눈다. 그리고 4시 반 정도부터 할당된 집안일을 시작해야 한다. 화장실 청소, 가구 먼지 닦기, 청소기 돌리기, 빨래나 설거지 등 각자 맡은 일이 있다. 홈스테이 어머니와 아버지가 퇴근해서 돌아오시기 전에 끝마쳐 놓아야 하므로 부지런히 움직여야 한다. 이렇게 매일 약 삼십 분에서 한 시간 정도 집안일을 돕는다.

가정마다 훈육방법과 집안일 분배가 다르겠지만, 내가 거쳐 온 미국의 십 여 가정 중 금이야 옥이야 자식을 아끼며 공부나 하라고 떠미는 데는 없었다. 유학을 하며 짧게는 며칠, 길게는 일 년 정도 여러 가정에서 살아볼 기회가 있었다. 내가 손님이 아닌 가족의 일원으로 머물며 맡아야 할 집안일이 주어졌다. 기본적인 집안일이기에 당연하게 받아들였다.

하지만 가끔씩 상황에 따라 예외도 있었다. 그 중 하나가 스테이시가 키우는 말의 마구간을 청소하는 것이었다. 언제부터인가 주객이 전도되어 말 주인은 늦잠을 자고 나와 엘렌Ellen: 홈스테이 어머니만 똥을 치우고 짚을 까는 등 궂은 일을 하게 되었다. 당연히 귀찮고 하기 싫은 일이었다. 냄새도 고약한데 하물며 말은 변의 양이 엄청나다. 내가 가지 않으면 허리 통증이 있는 엘렌만 혼자 일을 하게 될까봐 억지로 따라갔다. 한두 번 이렇게 반복되고 나니, 나의 협조가 당연시 되며 나의 불만 또한 커져갔다. 기본적인 집안일 이외의 부당한 일은 하기 싫다고 말했다면 나도 불만을 가질 필요가 없었다. 그러나 몇 주간 혼자 말도 못 하고 끙끙대다가 나는 결국 입을 열었다. 가기 싫다는 뜻을 조심스레 내비쳤더니 오히려 엘렌은 당연하다는 듯 스테이시를 깨우러 갔다.

"수Sue: 나의 영어이름가 자기 말도 아닌데 왜 가서 그 똥을 치워야 되냐? 일어나!"

고래고래 소리를 쳐서 스테이시를 깨우는 엘렌을 보자 속이 다 시원했다. 부당한 일이나 하기 싫은 일은 할 필요가 없다. 아무 말 없이 불만을 삭히기만 하면 상대는 당신의 마음을 알아차릴 수 없다. 예절이나 정 때문에 혹은 눈치가 보여 거절을 못하는 태도가 오히려 오해를 낳을 수도 있다.

요리에 겁이 없던 편인 나는 불고기 같은 요리를 선보이며 미국 가족들과 친해져야지 생각했었다. 그래서 적당한 때에 저녁을 하겠다고 했다. 한국에서 사온 불고기 소스에 고기를 저리고 양파, 마늘, 파만 더하면 끝이었다. 내가 요리를 하면 그리웠던 쌀밥도 먹을 수 있었으니 요리할 때는 콧노래가 저절로 나왔다. 달짝지근한 불고기의 맛에 미국가족들도 꽤 흡족스러운 눈치였다. 쌀을 싫어하는 아저씨를 배려해 파스타도 같이 삶아 선보였더니 모두가 만족스러워 했다. 저녁시간의 분위기도 화기애애하고 나도 우쭐할 수 있었다.

그래서 가끔은 이렇게 불고기를 만들곤 했는데, 어느 날 사건이 터졌다. 집안에 평소와 다른 분위기가 흐르고 있었다. 그 때는 홈스테이 가족과 마찰이 있어서 긴장감이 높았던 때였다. 뒤에서 자세히 이야기 하겠지만 미국가족과 나의 사이에 돈 문제가 생겨서 극심한 마찰이 있었다. 내가 이렇게 눈치를 많이 보는 새가슴이었는지 그 때까지 전혀 알지 못했다. 부모님의 울타리에서 평안하게 사랑 받고 산다는 것은 참으로 든든한 일이다. 외국 땅에서 남의 집 살이란 때로는 구차하고 처량한 일이었다.

어쨌거나 얹혀사는 약자인 내가 나섰다. 안 좋은 분위기를 만회해 보려고 불고기를 요리하려고 했다. 기쁘고 편안한 마음에서 요리하던 이전과는 전혀 다른 분위기였다. 나는 계란 위를 걷는 마음

미국에서 외톨이였던 나의 유일한
친구이자 자매였던 스테이시.

으로 조심스레 요리를 시작했다. 냉랭한 분위기에서 모든 가족이 나를 대하는 태도가 예전 같지 않았다. 무언의 싸한 시선이 느껴졌다. 작은 손으로 양파를 까는 도중에 매운 냄새 때문인지 혹은 서러운 마음 때문인지 눈물이 핑 돌았다. 이내 왈칵 쏟아지기 시작했다.

외국에서 홈스테이를 하는 상황이라면 더욱이나 컨트롤할 수 있는 요소들이 적다. 분위기 흘러가는 대로 맞출 수 있는 아량과 타인과 섞일 수 있는 유연한 마음가짐이 중요하다. 무조건 상대방의 뜻대로 따라가라는 말이 아니다. 어울리되 눈치는 보지 말라는 뜻이다.

눈치를 본다는 행위의 주체가 바로 나 자신이다. 과연 그 당시 홈스테이 가족이 눈치를 주었던 것인지 내가 눈치를 본 건지 모르겠다. 유학 시절 고달픈 마음고생이 내 스스로의 문제일 수도 있다는 생각이 들었다. 나는 항상 가족들 뜻에 무조건 맞추려 했다. 그들에게 수그리려고 했던 나의 태도는 그럴 필요가 없는 상황에서 스스로를 약자로 만들었다. 또한 그러한 행동은 상대에게도 불편함을 전가하기 마련이다. 눈치를 본다는 것은 내 진심을 숨기고 상대가 원하는 말과 행동만 일삼는다는 것이기 때문이다.

나는 나의 이러한 모습이 너무 싫었다. 눈치 보는 내 성격 때문에 마음고생이 많았다. 그래서 그 원인이 무엇일까 깊이 생각해 봤다. 한국말 '눈치를 보다'는 영어에 없는 표현이다. 한국의 정서가 담긴 말이라는 뜻이다. 한국에서 미덕으로 여기는 배려와 겸손이 눈치 보는 상황을 만드는 것은 아닐까 곰곰이 생각해 봤다.

우리는 '배려하는 사람' 혹은 '좋은 사람' 이 아니라고 기억되는 것이 두려워서 거절을 못한다. 그렇다면 좋은 사람이나 배려하는 사람의 정의가 무엇인가? 남의 의견을 항상 우선시 하고 따라 주는 것인가? 사전에 배려는 '도와주거나 보살펴 주려고 마음을 씀' 이라고 나와 있다.

하지만 조금 바꾸어 생각해 볼 수도 있다. 자기 마음을 상대방과 솔직하게 소통하는 것도 또 다른 배려가 될 수 있다. 정중하게 '싫어요.', '별로인데요.', '저는 안 할래요.' 라고 간결하게 말하는 것이다. 이렇게 자신의 솔직한 심정을 상대방에게 전하면 의외로 상대방은 이를 자연스럽게 받아들이게 된다. 싫은 일을 내키지 않아 억지로 하면 결국 상대에게도 그 마음이 전달되기 마련이다. 오히려 이러한 경우에 상대방이 더욱 서운하게 느낄 수도 있다.

생각해 보면, 우리의 표현방식은 드러나는 말과 그 속뜻이 다를 때가 종종 있다. 좋아도 '괜찮다.' 고 하고, 싫어도 '괜찮다.' 고 한다. 하다못해 마음에 드는 이성에게 고백을 하는 것도 어렵기만 하다. 썸을 타며 상대를 떠 보고 진심을 빙빙 돌려 말하는 게임을 한다. 왜 그런 것일까? 체면과 예의를 차리려는 성향 때문인 것 같다. 이와 달리 외국에서는 단순하게 좋으면 '예스' 나 '땡유', 싫으면

'노'이다. 구구절절 설명도 필요 하지 않다.

또한 우리는 부탁을 할 때나 고마움을 표할 때도 미안하다는 말을 자주 쓴다. '죄송하지만 이것 좀 해 주시겠습니까?', '이런 대접을 받다니 송구합니다.'고 말한다. 나도 최대한 예절 바른 아이가 되고 싶었다. 아주 작은 부탁을 할 때도, 경의어를 찾는데 고심했다.

'Can you do it?'은 성의 없는 부탁처럼 보이지 않을까? 'Could you please do it for me?'라고 물어봐야지.'

나는 사소한 것일지라도 최대한 미안한 표정을 지으며 어렵게 부탁을 하고는 했다. 하지만 이런 예절과 겸손에 관한 모든 집착이 오히려 역효과를 낳지 않았나 싶다. 지나치게 나를 낮추며 주눅이 들었던 것이다. 그래서 나는 요즘 가능하면 '죄송합니다.'라는 말 대신 '감사합니다.'라는 말을 자주 쓰려고 의식한다. 예를 들어, 엘리베이터에서 누군가 문을 열고 기다려 준다면 죄송하다는 말 대신 고맙다고 밝게 인사한다.

주변에서는 말 한 마디에 무슨 생각이 이렇게도 많으냐고 할 것이다. 하지만 외국에 나가서 오랜 시간 살아 보니 한국 특유의 겸손 코드가 있다는 생각이 들었다. 겸손하고 예의 바른 한국 사람들의 태도와 성향이 간혹 지나쳐 불필요한 정도까지 스스로를 낮추는 경우가 있지는 않을까 하는 생각 말이다. 그런 경우, 이는 의도와 달리 받아들여 질 수 있다. 외국 생활에서 지나친 깍듯함은 별 도움이 되지 않았다. 오히려 상대에게 오해를 사거나 스스로를 눈치 보는 작은 존재로 만들었다.

상대가 좋아하지 않을 말이라도 싫으면 싫다고 표현해야 한다. 그들 마음에 들지 않을 대답이어도 하기 싫은 것은 거절하는 당당함을 잃지 않기를. 하고 싶은 것과 누리고 싶은 것을 솔직하게 표현하면 의외로 상대가 쉽게 받아들인다. 솔직함과 눈치보지 않는 당당함은 외국생활에서 매우 중요한 자세이다.

외톨이, TV를 보고 영어를 배우다

외로움에 TV나 라디오를 켜놨다고 해도 과언이 아니다.
그렇게 TV를 보며 영어 공부를 해 나가고 미국문화를 배우기 시작했다.

● 항상 시간에 쫓기는 한국인들은 매일 엄청난 일과에 쫓겨 산다. 학생은 방과 후 학원과 과외를 뛰고 집에 와서는 또 과제에 치인다. 그래서 한참 커야할 십대는 항상 잠이 부족하다. 성인은 야근까지 하면 하루의 대부분을 직장에서 소모하고 파김치가 되기 십상이다.

외국에서 사는 큰 장점 중 하나가 이러한 바쁜 쳇바퀴에서 자유로울 수 있다는 점이다. 생활에 비교적 여유가 있다. 시간이 천천히 가는 듯 단순한 굴레 안에서 일상의 바퀴가 돌아간다. 도시는 시골보다 비교적 빠른 템포로 돌아가겠지만, 대부분의 삶은 하루 일과가 단조로운 편이다. 그래서 혼자만의 시간도 많고 자신에 대해 돌아볼 여유도 있다. 나는 삶의 질을 결정하는 요소가 바로 이 여유라고 생각한다.

나 역시 미국과 중국에서 유학을 하는 동안 나만의 시간을 충분히 즐겼다. 학교에서 돌아오면 운동을 하고 저녁을 먹고 숙제를 해도 이른 저녁밖에 안 되었다. 사람들은 취미활동을 하기도 하고 영화나 볼링 등 자유 시간을 여유롭게 즐긴다. 이런 생활 속에서 느긋하게 기다릴 줄 아는 여유도 생기고 길 가다가 눈이 마주치는 사람에게 미소 지어줄 수 있는 여유도 생긴다.

외톨이었던 나에게도 단조롭고 평안한 일상이 주어졌다. 열심히 공부하고 난 뒤에도 시간이 너무 남아서 때때로 심심하기도 했다. 나는 차가 없으니 밖으로·나갈 수도 없고, 차 있는 친구가 있는 것도 아니었다. 외로움에 TV나 라디오를 켜놨다고 해도 과언이 아니다. 그렇게 TV를 보며 영어 공부를 해 나가고 미국문화를 배우기 시작했다.

우선 학교를 마치고 무조건 헬스장에 가서 운동을 했다. 매일 몇 년간 꾸준히 갔다. 그러면서 탄탄히 근력을 다졌는데, 사실 이렇게 열심이었던 이유는 심심함과 외로움을 달래기 위함이기도 했다. 30분 동안 러닝머신을 뛰며 무조건 CNN을 틀어놓았다. 알아듣던 못 알아듣던 크게 상관없었다. 상식이나 뉴스를 접할 기회가 드물어서 세상 돌아가는 소식에 귀동냥이라도 하고자 해서였다. 물론, 파란 눈의 앵커들의 말을 알아들은 것은 아니다. 귀에 잘 들어오지도 않는 쏼라쏼라 소리에 불과했다. 처음에는 단어 몇 개와 헤드라인으로 내용을 유추해 나가기 시작했고, 그러다 보면 조금씩 듣기가 향상되어 갔다. 또한, CNN 방송은 다양한 국적의 아나운서들이 각기 다른 억양과 발음을 구사한다. 완벽한 영어를 다양한 발음으로 접하기 위해서라도 필요한 훈련이었다. 그렇게 달리기를 하면 지적인 엘리트가 된 것 마냥 살짝 우쭐한 마음에 취하기도 했다.

방과 후 공부하고 저녁을 먹은 후에 별 다른 일과가 없으면 TV를 켰다. 그 당시 〈아메리칸 아이돌〉이라는 프로그램이 폭발적인 인기를 끌었다. 한국의 〈슈퍼스타 K〉와 같은 가수 오디션 프로그램이다. 미국 사람들이 밖에 있다가도 이 방송시간이 되면 하나 둘씩 집으로 돌아갈 만큼, 인기를 자랑하는 쇼였다. 영어를 못 알아듣는 나였지만 음악의 감동은 고스란히 느낄 수 있었다. 엄청 노래를 못해 망신살이 뻗치는 참가자들, 너무나 감미롭고 환상적인 노래를 선보이는 참가자들을 보며 웃고 울었다. 쇼에 몰입해서 열렬히 응원하고, 전화투표까지 했다.

이렇게 외국에 있는 사람들은 좋아하는 취향에 따라 TV를 보며 많은 것을 배울 수 있다. 현지인들의 문화를 간접 경험할 수 있으며, 다음 날 사람들과 대화에도 자연스럽게 낄 수 있다. 나도 홈스테이 가족들과 프로그램을 같이 시청하거나 친구들과 TV쇼에 대해 이야기를 나누며 공통 관심사를 만들어 갔다.

또한 너무 좋아해서 모든 에피소드를 반복해서 보다 대사를 외울 지경까지 된 쇼도 있다. 뉴욕에서 멋진 삶을 살아가는 성공한 싱글 여성 네 명의 이야기를 다룬 〈섹스앤더시티〉이다. 문화는 욕망과 시대의 산물이라고 한다. 커리어, 성, 인간관계에 대해서 미국사람들이 어떻게 생각하고 행동하는지 이 쇼를 통해 관찰하곤 했다. 또한 나는 뉴욕에서 벌어지는 여성들의 독립적인 삶과 눈을 즐겁게 해주는 아름다운 패션에 매료되었다. 주인공 네 명이 마치 내 친구인 마냥 애착이 갈 정도로 말이다. 이렇게 외국의 인기프로그램을 본다는 것은 실제로 그 나라 문화에 대한 이해를 크게 향상시키며, 흥미 있게 영어를 배우는 기회가 된다. 대사를 외울 정도로 반복시청을 한다는 것은 재미가 없으면 못 할 일이다. 그러는 과정에서 배운 영어단어나 실생활 표현법은 셀 수 없다.

지금도 수업에서 팝송이나 TV쇼를 반복적으로 재생하여 귀와 입을 트이게 하는 방식을 진행하고 있다. 딱딱한 책에서 벗어나 자신이 좋아하는 음악이나 영화, 미드로 공부하면 학습자들의 반응도 폭발적이다. 또한 미국 문화를 간접경험하며 느끼는 짜릿함은 큰 동기부여가 된다. 자신이 외국인이 된 것 마냥 몰입이 되기 때문이다. 어떻게 영어공부를 하냐는 질문을 받으면 나는 항상 이 방법을 꼽는다. 스스로가 직접 효과를 보기도 했고, 나의 수업을 듣는 많은 학생들을 연구하며 터득한 것이다. 학습자 중에서 영국의 비틀즈와

제임스 딘의 엄청난 팬이 있었다. 영어이름도 제임스라고 지은 그 학생은 영국식 억양과 발음이 입에 붙을 만큼 자주 노래와 영화를 접했다. 그는 외국계 회사에서 근무하며 농담을 영어로 구사하는 데 지장이 없을 만큼의 실력을 가지고 있다.

세계무대에 당당히 선 외교관이자 독일 쾰른대 교수인 김영희 씨는 1970년대에 파독 간호보조원으로 독일에 갔다. 궂은 일을 거쳐 가며 주경야독으로 공부에 매진하였고, 기회를 얻어 독일 대사관에서 일하게 되었다. 마흔이 넘어 외교관의 꿈을 이루고 세르비아 대사로 부임해 열성적으로 활동했다. 그녀는 독일어, 영어, 불어, 라틴어와 한국어까지 5개 국어를 구사한다. 외국어 모두 스무 살이 넘어서 시작한 공부이니 그 노력이 얼마나 치열했을지 가늠할 수 있다. 그런 그녀도 영화나 미드를 통해 공부를 꾸준히 해 나간다. 여전히 그녀의 공부는 현재 진행형이다. 그녀는 저서《20대, 세계무대에 너를 세워라》에서 이렇게 말한다.

"외국어로 말하는 행위는 단순한 언어의 사용뿐만이 아니라. 그 언어를 사용하는 민족의 사고와 가치관을 이해하는 것이다. 사용하는 언어가 늘어난다는 것은 사용자의 시야가 그만큼 넓어지는 것을 의미한다. 여러 개의 언어를 구사하는 사람은, 그 언어 수만큼의 세계를 알게 된다는 뜻이다."

반기문 유엔 사무총장 역시 아직도 열심히 영어 공부를 한다. TV, 라디오, 신문 등과 같은 매체는 우리 생활에서 손쉽게 닿을 수 있는 것이다. 이렇게 공부도 꾸준히 쉽게 해야 한다.

이렇게 공부하는 방법도 있는데, 외국을 안 나가봐서 영어를 못하겠다는 말은 어리석은 변명이다. 한 우물만 제대로 파고 상상력을 이용해 유명 배우나 가수와 친구가 된다면 얼마든지 현지인처럼 완벽한 외국어를 구사할 수 있다. 당신이 중도에 포기만 하지 않는다면 말이다.

그 날 눈물이 터졌다

그럴 때면 스스로 이렇게 주문을 걸어라, 외로운 만큼 빛날 지어니.

친구들은 뉴욕의 크리스마스라고 하면 멋지고 화려한 파티가 이어질 것으로만 생각한다.

"이야~! 크리스마스를 미국에서? 진짜 멋있다~ 뭐했어? 재미있었니?"

기대에 부푼 눈망울로 이런 질문을 던지는 친구들에게 뭐라고 말을 해야 하나 조금은 답답해진다. 구구절절 이 속을 다 설명할 수도 없어서 애써 그럴듯한 대답을 찾는다.

"칠면조 고기를 먹고, 펌킨파이랑 애플파이에 아이스크림 얹은 거를 잔뜩 먹었어. 가족끼리 선물 교환하고 그랬지."

뉴욕의 크리스마스라고 하면 이와 같은 영화의 한 장면이 연상된다. 물론 모두 사실이었다. 커다란 트리, 형형색색의 장식, 가족들이 단란하게 모인 집……. 하지만 그 겉으로 보이는 화려함 뒤에 눈물겨운 비하인드 스토리가 있었음을 이제야 고백한다. 내가 미국에서 맞이한 크리스마스는 단 한 번도 그렇게 영화같이 아름답지 않았다.

일 년에 가장 큰 휴일이자 가족들이 옹기종기 모이는 축제의 시간은 나에게 항상 가장 우울한 시간이었다. 홈스테이 가족들이 멀리서 방문한 친척을 맞이하고, 오랜만에 모여 이야기꽃을 피우기 바쁘다. 이런 상황에서 낯선 사람들 틈에 껴있는 것은 영 유쾌한 일이 아니다. 처음 보는 친척들에게 "한국에서 온 수Sue:나의영어이름입니다."하고 소개하면 그들은 호기심 어린 눈으로 쳐다본다. 그들은 예의상 바보 같은 질문을 던지기도 한다.

크리스마스에 나는 항상 그들 틈에 끼려고 기웃거리는 겉도는 존재였다. 멋쩍게 서있을 수밖에 없는 이방인. 그렇게 연말에 모여 반가워하는 이들을 보고 있자면, 한국의 가족이 떠올라 눈시울이 붉어졌다. 하지만 왁자지껄한 분위기 속에서 항상 웃는 얼굴로 눈물을 참아야만 했다.

새로 보는 사람들은 타지에서 온 나에게 항상 호의적이었다. 그러나 왜인지 모르게 왁자지껄한 분위기와 수많은 손님들 틈에서 나의 쓸쓸함은 항상 배가 되었다. 마치 꾸어다 놓은 보릿자루가 된 것 같았다. 친척끼리 추억을 공유하기에 바빴고, 나는 모두 재미있어

죽겠다는 식으로 반응하며 듣고 있었다. 내가 낄 자리는 그것뿐이었다.

이 밖에도 어색하고 민망한 일이 한 둘이 아니었다. 어정쩡하게 나를 아는 친척들은 '대외적으로 이 집의 아이 중 하나'인 나에게도 선물을 주어야 한다고 생각했다. 그래서 그들은 월마트^{한국의 이마트처럼 저렴하게 판매하는 대형 마트 체인}에서 크리스마스 색상의 흉측한 티셔츠를 사서 선물하곤 했다. 그러면 크리스마스 당일 가족들이 모였을 때 감사의 표시로 그 촌스러운 옷을 입고 연신 고맙다고 말했다. 방으로 들어와 그 티셔츠를 한 구석에 내팽개쳐 버렸다. 나중에 인화한 크리스마스의 사진마다 나는 그 흉측한 옷을 입고 어색한 웃음을 짓고 있었다. 나는 여전히 그 사진들을 들여다보지도 않는다.

사실 어색함과 어린 마음에 나는 더욱 삐딱하게 굴었을 것이다. 친척들의 촌스러운 선물도 감사한 일이고, 나는 새로운 사람들에게 다가가려고 더욱 노력했을 수도 있다. 나는 정말로 노력하고 싶었다. 나도 내가 많은 사람들에게 먼저 마음을 열고 다가가는 멋진 사람이기를 바랬다. 하지만 마음 한켠 집에 대한 그리움과 내 신세에 대한 초라함을 떨칠 수 없었다. 크리스마스처럼 웃고 있는 사람들 틈에 껴있는 날에는 내가 더욱 초라해 보였다. 이윽고 내 방에 들어오면 이내 눈물방울이 뚝뚝 흘렀다. 내 가족에 대한 그리움, 지금 이 상황에서 겉도는 존재일 수밖에 없는 서러움, 홈스테이 가족과 현실적인 문제 등…… 모든 상황이 내 앞에서 무너져 내렸다. 남들이 가장 행복했던 날 나는 엄마와 아빠에 대한 그리움에 사무쳐 울다 잠들었다.

곤욕스러웠던 크리스마스가 지나고 나면 나는 마음가짐을 더욱 새로이 했다.

'아, 이번 크리스마스도 지나갔구나!'

하며 안도감을 느끼기도 했다. 새해가 왔다는 것은 내가 집으로 돌아갈 날이 더 가까워졌다는 뜻이기도 했다. 우울한 연휴와 새해가 지나고 일상으로 돌아오면 나는 또 언제 그랬냐는 듯 심기일전해 학업에 더욱 열중하곤 했다.

세계적으로 사랑 받았던 마법 판타지 소설 원작의 영화《해리포터》는 기발한 아이디어와 끝없는 상상력이 펼쳐지는 모험의 세계를 너무나도 재치 있게 그려낸다. 하늘을 나는 자동차, 벽난로를 통해 마법의 가루로 이동하기, 남에게 보이지 않는 망토 등 기상천외한 장면이 신나게 펼쳐진다. 하지만 이 영화를 볼 때도 신기한 마법과 긴장감을 쥐어 주는 모험뿐만 아니라, 해리포터가 고아라는 점에 더욱 몰입할 수 있었다. 고아였기 때문에 남의 집 살이를 했던 해리포터를 보면 나의 처지가 떠올라 더욱 공감대가 형성되었다. 어렸을 때부터, 해리포터는 이모의 가족들에게 구박과 멸시를 당하며 살았고, 마법 학교에 입학하고 나서도 연말이나 명절 때 친구 집에 가서 얹혀 지냈다. 물론 내 처지가 어찌 고아와 같을 수 있을까. 그

크리스마스 때에 홈스테이이 가족, 친척들과.

러나 남의집살이를 하는 그 고충은 충분히 이해할 수 있다. 아무리 주변에서 나에게 환대를 베풀어도 마음 한켠의 빈자리는 쉽사리 채워지지 않는다. 친구의 집에 머물 때 해리포터가 가족을 떠올리며 그리워하는 장면이 간혹 나왔다. 친구를 따뜻하게 구박하거나 잔소리를 하는 어머니를 보면서도, 든든하게 아들을 챙겨주는 아버지를 볼 때도, 해리는 자신의 부모님이 그리웠을 것이다. 그 공허한 표정 속의 쓸쓸함을 헤아릴 수 있었다.

하지만 거꾸로 만약 해리포터가 고아가 아니었다면 그렇게 강력한 마법사가 될 수 있었을까? 그가 고아였기에 눈물을 흘렸던 날들이 없었다면 그렇게 강인한 심지와 용기를 가질 수 있었을까? 나 또한 외로워서 더 이 악물고 공부하고 버텼다. 때때로 외로움은 나를 채찍질한 최고의 동기부여가 되곤 했다.

멋진 포부로 청춘들이 도전을 향해 집을 떠난 뒤에도 가족에 대한 그리움에 눈물 흘리는 날이 종종 있을 것이다. 남들이 가족들과 행복해 보이는데 자신만 외롭고 혼자라는 생각에 사로잡힐 수도 있다. 실제로 외국에서 생활을 해보면, 화려하고 찬란해 보이는 환상 아래 그 실상이 보잘것없고 쓸쓸한 때도 많았다. 가족도 친구도 없는 땅에서 싸움은 외롭고 혹독하기만 하다. 많은 사람들이 이를 이기지 못해 돌아오기도 한다. 나이, 경험, 성별, 환경과 무관한 것이다.

이럴 때면 쓸쓸함이 드는 자신의 마음을 인정해 주길 바란다. 한

번 자신을 보듬어 주는 것이다. 너무 어른스러운 척 혹은 강인한 척 하지 않아도 된다. 가족들에게 전화해서 목소리를 듣고, 힘을 얻으면 한결 나아질 것이다. 가끔은 잠시 투정 부리는 것도 괜찮지 않을까? 그리고 이미 참 잘 하고 있다고 스스로를 격려해 주면 된다. 오늘 하루 영롱하게 반짝이는 트리를 보면서 잠시 울적하다면 이내 마음을 추스르고 툭툭 털고 일어나길 바란다. 그럴 때면 스스로 이렇게 주문을 걸어라, 외로운 만큼 빛날 지어니.

혼자 있는 시간은 나를 단단하게
만들어 준다

고독이야 말로 나의 내면 깊은곳을 들여다 봐주는 진정한 친구가 아닐까.

"결혼을 하면 외롭지 않을 줄 알았는데, 배
우자가 옆에 있어도 외롭더라고요."

이렇게 연예인이 말하자 청중들이 웃음을 터뜨렸다. 웃기고도 슬
퍼서 '웃프다'고 말하는 이 상황을 여럿이 공감할 것이다. 만약에 외
로움이 두려워 외국에 가는 것이 망설여진다는 사람이 있다면 이런
질문을 던지고 싶다. 가족과 친구가 다 있는 한국에서도 간혹 외롭지
않던가? 나는 귀국해서 부모님과 부딪힐 일이 더욱 많았다. 진로에
대한 고민과 취업 등 어려운 시기를 거치며 더욱 극심히 외로웠다.
또한 남자친구가 옆에 있어도 외롭다고 느꼈던 순간이 많았다. 혼자
있다고 해서 외로운 것이 아니다. 지금 내 감정의 상태에 따라 마음
에 외로움이나 풍요로움이 차오르는 것이다.

어렸을 때부터 혼자 외국에서 살며 배운 것이 있다면, 혼자 있는 시간이 내가 성장할 수 있는 무한한 에너지원이라는 것이다. 모두 마음먹기에 달려있을 뿐이다. 고등학교 3년 내내 혼자였다. 뉴욕의 고등학교에서는 마음 맞는 한국 친구도 있었지만, 차가 없으니 왕래가 자유롭지 못했다. 간혹 주말에 친구가 우리 집에 와서 자는 경우가 아니면 대부분의 시간은 혼자였다. 혼자만의 시간 동안 생산적인 일을 많이 했다. 하루 3~4시간 학교 공부와 영어 공부에 온전히 매달릴 수 있었다. 또 하루도 빠짐없는 운동으로 복근을 만들어 외모에 자신감을 갖기도 했다. 음악을 들으며 집 앞을 산책하거나 산에 가서 생각을 정리하기도 했고 춤을 추며 스트레스를 풀기도 했다. 좋아하는 미드나 영화를 시청하며 영어공부도 했으며 영어일기로 마음을 다잡고 작문 실력을 키워 나가기도 했다.

인도의 영혼의 스승으로 불리는 오쇼 라즈쉬니 Rajneesch Chandra Mohan Jain 는 이렇게 말했다.

"어느 누구도 그대의 공허함을 채워 줄 수 없다. 자신의 공허함과 조우해야 한다. 그걸 알고 살아가면서 받아들여야 한다."

인간은 누구나 외롭다. 그 고독 안에서 사색하고 무엇인가를 떠올리고 연구하는 창조적인 에너지가 생산된다. 그러나 한국의 고등학생들은 얼마나 바쁜지 모른다. 자신이 무엇을 좋아하는지, 꿈이 무엇인지를 생각해 볼 겨를도 없다. 아무런 목표 없이 남들이 하니까, 부모님이 원하니까, 점수에 맞춰 대학에 가고 전공을 택한다.

미술시간에 그린 그림이 지역대회에서 상을 받았다. 전시회에 작품이 출품됐다.

청소년들이 지위가 안정적인 공무원을 희망진로로 가장 선호한다
는 기사를 보고 가슴이 아팠다. 그들이 조금 더 천천히 갈 여유, 차
분히 사색할 틈만 있다면 더욱 꿈과 주관을 가지고 사고할텐데 하
는 아쉬움이 들었다.

나는 바쁜 일상에 쫓겨 정신없이 뛰어다니고 사는 것을 별로 좋
아하지 않는다. 적당한 긴장감 속에서 생산적인 삶을 사는 것과 다
른 이야기이다. 정신없이 지나가는 시간 속에 마음이 무엇을 느끼
는지 찬찬히 들여다 볼 수 있는 여유가 없다면, 이내 공허함이 따른
다. 많은 사람들이 일, 공부, 자기계발, 인맥관리 등 모든 것을 욕심
껏 해보려고 아등바등 산다. 그런데 오히려 마음에 남는 게 없는 것
같다. 넘치면 모자람 만도 못하다고 하지 않는가. 나도 그런 공허한
치열함 속에서 마음의 병을 얻은 적이 있었다.

그런 의미에서 혼자 있는 시간은 참 소중하다. 나는 외로움을 여
유와 비슷한 거라고 생각하기도 한다. 조금 심심하지만 내가 누구
인지, 내가 가고 있는 방향이 맞는지 생각해 볼 수 있다. 외로움은
곧 나를 돌아보고 나를 위한 투자를 할 수 있는 귀중한 시간이다.

혼신이 담긴 김연아의 피겨스케이트 연기, 외로움의 냄새가 짙
게 여운으로 남은 고흐의 자화상, 수치의 세월을 견디고 집필한 사
마천의《사기》등……. 세상을 놀라게 한 역사의 창작물은 창작자

의 노력과 외로움의 산물이다. 이렇게 역사에 남는 명작의 탄생이 있기까지 예술가의 지독히도 길고 긴 자신과의 싸움이 있었다. 성공자들은 하나같이 말한다, 돌아보니 자신을 철저히 외로움 속에 두었기 때문에 꿈과 성장에 집중하고 결과를 만들 수 있었다고. 한국이 낳은 세계 최고의 발레리나 강수진은 저서《나는 내일을 기다리지 않는다》에서 이렇게 서술했다.

"한창 감수성 예민한 열다섯 살 사춘기 소녀였던 나에게 외로움과 가족에 대한 그리움은 가뜩이나 여린 마음에 생채기를 냈고, 그렇게 상처받은 나의 하루하루는 지옥과도 같았다……. 어쩌면 나는 외로움과 그리움을 극복하기 위해서 매일 그렇게 연습했었는지도 모른다. 결국 열정이었다. 열정이라는 친구가 있었기에 나는 혼자 있어도 혼자가 아니었다."

강수진은 자신이 발레에 몰두할 수밖에 없었던 그 때를 이렇게 묘사하고 있다. 조기 유학을 떠나 외로움을 견디며 밤에 기숙사에서 몰래 빠져 나와 달 빛 아래서 도둑연습을 하고는 했다. 혼자만의 시간 속에서 자신의 한계를 맞닥뜨리고 스스로의 한계를 끌어올리는 처절한 싸움을 했다. 비로소 그녀는 그 외로움과 고통마저 완벽하도록 섬세하고 아름다운 연기로 승화시킬 수 있었다.

나는 혼자만의 시간을 즐긴다. 혼자 영화 보러 가기, 혼자 카페에서 책 읽기, 혼자 등산가기, 혼자 산책하기, 혼자 여행하기 등등……. 혼자 밥을 먹는 것은 조금씩 더 익숙해지고 있다. 손에 책을 들거나 핸드폰으로 놀며 밥을 먹으면 썩 나쁘지 않다.

이렇게 혼자 있는 시간에 익숙해지며 내 자신이 점점 더 좋아지기 시작했다. 사실 나는 얼마 전까지만 해도 인맥관리를 위해서 또는 혼자 있는 것이 어색해서 무엇이라도 누군가와 함께 하려고 했다. 그렇게 누군가와 한참을 떠들고 나면, 시간과 에너지는 많이 허비했는데 정작 마음에 남는 게 없었다. 가끔은 한참을 떠들고도 내가 무슨 말을 한 것인지 잘 모르겠다는 생각을 하곤 했다. 그러다이 책을 쓰며, 내 꿈이 확실해지자 혼자의 시간을 음미하게 되었다. 고독이야 말로 나의 내면깊은 곳을 들여다 봐주는 진정한 친구가 아닐까.

지금 외롭다면 오히려 이를 즐기고 감사할 줄 알아야 한다. 당신이 모르지만 지금의 이 시간 당신이 꿈으로 나아가는 한 발짝의 발걸음이 될 수도 있다. 친구들과의 약속, 의미 없는 소개팅, 선후배와 술자리 중에서 정말 내게 꼭 필요한 만남은 드물다. 누군가와 별생각 없이 떠들기 보다는, 스스로와 대화를 해보아라. 자신 안의 감정을 마주하고, 자신 안의 생각을 곱씹어 보는 것이다. 혼자의 시간 안에서 또 다른 나와 대면하게 될 것이다. 이전에 미처 알지 못했던 얼굴일 수도 있다. 가슴이 하는 말에 귀를 기울이면 인생에서 더 중요한 것들이 보일 것이다. 가만히 가슴의 목소리를 들어 보아라. 뒤섞인 감정, 인생에서 가장 소중한 사람들, 진정으로 원하는 꿈, 바로 행해야 하는 행동을 말해 줄 것이다.

처음에는 약간 연습이 필요하다. 커피도 그 맛을 모를 때 쓰게만 느껴지던 것이 한 번 두 번 접할 수록 강하게 매료된다. 나중에는 그 깊은 맛에 중독되어 버린다. 한 모금의 커피에 쌉쌀하고도 감미로운 향이 혀와 코를 가득 메우고 머리와 몸속을 짜릿하게 각성시킨다. 이처럼 혼자만의 시간을 음미해 보기를 바란다.

어쩌면 우리는 타인의 부재로 인해 외로운 것이 아니라 스스로의 부재로 외로운 것이다. 우리가 어떤 감정을 가지고 있는지, 무엇을 원하는 지, 어디로 가고 있는지 모를 때 외로움을 느낀다. 혼자만의 시간 속에서 자신과 직면하는 연습을 하는 것이 중요하다. 독일의 철학자 니체는 "인간의 참된 소명은 자기 자신에 도달하는 일이다."라고 했다. 지금 당신이 혼자 있다면 차분히 생각을 정리해 볼 수 있다. 스스로에게 끊임 없이 질문하고 불필요한 요소를 걷어 내는 것이다. 그러면 가야 할 길이 명확하게 드러난다. 그러면 이제 그대로 행동으로 옮겨라. 차분하고 굳은 발걸음을 한 발 내딛는 것이다.

나 홀로 디즈니랜드

너무 낯설고 커다란 세상에서 나는 겁에 질려 웅크리고 있는 거북이 같았다.
이 거북이는 세상으로부터 자신을 보호할 수는 있었지만 한 발짝도
앞으로 나아갈 수 없었다.

● 홈스테이 가족이 돈을 훔쳐간 이후 나는 동
네의 한 할머니와 할아버지의 집에 맡겨졌다. 원래 살고 있던 데에
서 얼마 떨어지지 않은 곳이었다. 내 소식을 듣고 딱하게 여겨서 잠
시나마 머물게 허락해준 고마운 분들이다. 탐Tom과 준June은 정말
인자하고 넉넉하신 분들이었다. 개는 주인을 닮는다고 하는데 그
집 애완견도 참 멋졌다. 내가 어렸을 때 봤던 옛날 TV프로그램 〈명
견래시〉와 같은 대형견 콜리였다. 그 덩치만큼이나 나를 너그러이
품어주었다.

그 때 나는 사랑을 베풀 줄도 온전히 받아들일 줄도 몰랐다. 마
음에 상처로 피가 잔뜩 고여 있었다. 나도 모르게 모나고 삐뚤어진
마음을 감추려 했다. 간혹 나는 사람들에게 보여주기 위해 개를 아

끼는 척을 했다. 할아버지와 할머니에게 사랑 받기 위해서 개를 끌고 나가 산책을 했다. 그러다 개가 오줌을 쌀 때 잡아끌며 기다려 주지 않았다. 왜 이렇게 모나게 굴었을까. 탐과 준도 그런 나를 보고 있었다. 하지만 별 말 하지 않은 채 덮어두고 나를 감싸주셨다.

나이가 많은 분들이어서 생활 리듬이 매우 차분하게 돌아갔다. 하지만 수많은 사건과 변화를 겪은 지난 8개월이 너무 아팠던 탓일까. 나는 이 집에서 평안함을 느꼈다. 지루함도 싫지 않았다. 안전함을 느꼈고 내가 남은 시간은 이 집에 별 문제 없이 머물 수 있다는 사실에 기쁘기만 했다.

플로리다에서 일 년이 다 되어갈 쯤 나는 드디어 집으로 돌아갈 수 있다는 생각에 기쁘고 설레었다. 한국을 가기 전에 살을 뺀다며 아킨즈 다이어트^{미국식 황제 다이어트}도 하며 내내 들떠 있었다. 그런 나를 바라보며 탐과 준은 묵묵히 다이어트에 필요한 음식을 사다 놓았다. 나를 거두어준 분들의 심정을 아랑곳 하지 않고 나는 신난 기색을 숨기지 않았다. 이전 홈스테이집에서 받은 상처를 복수하고픈 묘한 심정도 섞여 있었다. 이미 내 마음은 지칠 대로 지쳐 있었고 누구의 호의나 사랑도 마음 깊숙이까지 전해지지 않았다. 지나치게 방어적인 자세로 삐뚤어진 마음을 안고 있었다.

그런 철없는 나에게 탐과 준은 마지막 선물을 주려고 했다. 플로리다의 디즈니랜드에 데리고 가 주겠다는 것이 아닌가! 내가 친구

친구 하나없이 나홀로 디즈니랜드에서 애써 밝은척 웃어보이며 탐과.

한 명만 초대하면 두 분이 모든 비용을 부담하고 세 시간 거리인 디 즈니랜드까지 데리고 가겠다는 멋진 제안을 하셨다. 디즈니랜드라는 말에 기쁜 것도 잠시, 나는 곧 머릿속이 캄캄해졌다. 같이 갈 친구가 아무도 없었던 것이다! 그나마 친했던 멕시칸 친구는 출산으로 인해 학교를 쉬고 있는 상황이었다. 나머지 아이들도 생계를 위해 일을 해야만 했다.

조금 어색해도 누구에게라도 물어보고 같이 갔으면 좋았을 것을 나는 알량한 자존심을 내세우려 했다.

"정말 고마워요. 그런데 혼자 가는 것이 좋겠어요! 저 혼자서도 디즈니랜드에 가서 재미있게 놀다 올 수 있어요!"

이렇게 밝게 대답하는 나를 탐과 준은 얼이 빠진 얼굴로 쳐다봤다. 일단 내가 이렇게까지 외톨이라는 것에 놀랐을 것이다. 그리고 나의 밝은 얼굴과 힘찬 말투에 또 한 번 놀랐을 것이다. 계속 나를 설득하려고 했으나 나는 완강했다. 누군가에게 같이 가달라고 아쉬운 소리를 하느니 그냥 혼자 가서 즐겁게 놀다 오면 된다고 생각했다.

이윽고 주말에 우리는 디즈니랜드로 향했다. 나의 고집대로 두 분과 나 이렇게 셋만 떠나게 되었다. 두 분은 여전히 염려스러운 표정이었다. 그래서 나는 보란 듯이 혼자 씩씩하게 놀이기구를 타며 최고로 밝게 웃어 보였다. 사진 속에는 온통 어색한 가짜 미소가 찍혀 있다. 미국 고등학교 시절 내내 자연스러운 모습의 사진은 얼마

없다. 사실이 그랬다. 영어로 생판 모르는 외국인들을 엄마 아빠라고 부르며 내가 아닌 가면을 쓰고 학교에 다녔다. 나는 그런 내 모습이 영 어색하고 슬펐다.

너무나 다른 세계, 너무나 큰 세상에서 이전의 나를 철저히 버리고 적응해야 했다. 얼마나 상처를 많이 받고 두려웠는지 방어적인 자세는 언제부터인가 나를 지키고 가두는 벽이 되었다. 겉으로는 항상 가면을 쓴 듯 밝게 웃지만 마음속으로 누구에게나 선을 긋고 있는 습관이 아직도 남아 있다. 너무 낯설고 커다란 세상에서 나는 겁에 질려 웅크리고 있는 거북이 같았다. 이 거북이는 세상으로부터 자신을 보호할 수는 있었지만 한 발짝도 앞으로 나아갈 수 없었다.

이때도 탐과 준의 진심 어린 호의에 마음 깊이 감사하고 행복하다는 생각을 못했다. 상대방의 호의를 진심으로 받아들이고 그 사랑을 누리기가 어려웠다. 무심한 성격 때문인지 어린 마음에 남은 상처 때문인지 플로리다를 떠난 후에도 다정했던 두 분께 자주 연락을 하지 않았다. 아마 지금 두 분이 살아계시지 않다 해도 그리 놀랄 일이 아닐 것이다. 내 마음의 벽을 무너뜨리기에는 그 뒤로도 긴 시간이 필요했다. 아직도 내 마음 속에 미처 허물지 못한 벽이 남아있는 지도 모르겠다.

유학이라는 모험을 떠나 '과거' 라는 세계의 알을 깨고 나오는 것은 쉬운 일이 아니었다. 나는 첫 해 동안 폭식으로 10킬로그램 이상 살이 불어났으며 지금까지도 고질적인 변비를 앓고 있다. 이는 신체적인 변화에 불과하다. 심적인 성장통도 이루 말할 수 없다. 지긋지긋한 낯가림과 못난 자존심 때문에 친구 하나 변변하게 사귀지 못했다. 초등학교 내내 반장을 놓친 적 없는 밝은 아이는 죽었다. 미지의 세계에서 내가 정반대의 상황에 놓이자 아무 것도 할 수 없었다. 한 번도 보지 못했던 나의 모습을 맞닥뜨리고 어떻게 해야 하는지 알 수 없어 고통스러웠다.

뿐만 아니라 가족이라는 억지스러운 타이틀로 묶여진 생판 모르는 외국인을 '엄마, 아빠'라고 부르는 것도 힘겨웠다. 나를 온화하게 바라보는 엄마의 손길이 그리웠고, 든든하고 넓은 아빠의 품이 고팠다. 부모님의 소중함에 대해 뼈저리게 느꼈고 나의 존재가 얼마나 작은지도 냉혹하게 볼 수 있었다.

나도 모르게 내 얼굴에 그늘이 드리워져 있었다. 어느 날 학교에서 점심을 주는 아주머니께서 말씀하셨다. 마카로니를 퍼주면서 내 눈을 바라보고 따뜻하게 말했다.

"You need to have fun. 너도 좀 즐겁게 지내야지."

염려와 애정이 섞인 눈빛이었다. 그 말이 절절하게 가슴에 매여 온다.

부디 이 책을 읽는 독자는 이 싸움을 나처럼 미련하게 하지 않았으면 한다. 꿈의 동산, 디즈니랜드에 가서도 행복할 수 없었던 나

같은 겁쟁이가 되지 않기를. 뻔뻔하고 변죽 좋게 누군가와 어울리고 친구를 만들기를 바란다. 실수를 해도 웃어 넘기는 배포면 된다. 성적표가 아닌 추억을 쌓고 오는 것이다. 즐겁고 행복해야만 한다. 당신은 너무나 소중한 사람이기에!

다가오는 상대방의 호의를 자존심으로 무시하거나, 스스로를 초라하게 여겨 뻗어오는 손길을 연민이라고 치부하는 것은 어리석은 짓이다. 누군가 다가오면 받아들이는 것도 용기가 필요하다. 용기를 내어 주변에서 뻗어 오는 손을 잡는다면 같이 갈 수 있다. 그렇게 한다면 여정의 매순간을 진정으로 누리기란 그리 어렵지 않을 것이니.

책 밖의 거친 세상을
맛보고 생생하게 경험하며 가슴으로
깨닫는 것이 진짜 지식이다.

02

머리만 굴리지 말고
몸으로 도전하라

유학이라고 다 같은 유학이 아니다

이 레이스에서 어떤 목표를 보고 뛸 것이며 그 과정에서 무엇을
얻을 것인지는 당신의 선택에 달려있다.

•

●빨갛고 먹음직스럽게 익은 감이 아이들을
부른다. 홍시가 주렁주렁 매달려 있는 감나무 아래 네 명의 아이들
이 모여 있다. 눈이 어두운 아이 1은 감나무를 찾으려다 엉뚱하게
대추나무 밑에 가서 홍시를 찾는다. 게으른 아이 2는 홍시가 잔뜩
매달려 있는 나뭇가지 밑에 누워서 홍시가 떨어지기 만을 기다리고
있다. 적극적인 아이 3은 감나무에 직접 올라가 홍시를 따려고 나
무를 탄다. 현명한 아이 4는 사다리를 가져와 쉽게 홍시를 딴다.

이 이야기를 교환학생 프로그램이라는 상황에 대입해 볼 수도
있을 것이다. 아이 1은 자기가 원하는 것을 모르며 타의에 의해 휩
쓸려 프로그램에 참여한 사람과 같다. 아무 생각도 목표도 없이 엉

뚱한 장소에서 시간을 헛되이 보내고 있다. 의지가 없는 사람이 부모님이나 타의에 의해서 외국에 떠밀려 간 것이다. 그는 어떠한 멋진 경험이나 훌륭한 교육의 그 가치를 보지 못하고 허송세월을 보낸다. 최고의 파티에서 집으로 돌아가기를 손꼽아 기다리는 것처럼 말이다.

아이 2는 시험과 과제를 커닝으로 연명하며 나쁘지 않은 성적표에 만족하는 게으른 학생과 같다. 요령을 피우고 주변으로부터 공짜 도움을 바란다. 몇 번은 주변에서 도와줄 수 있지만 남의 노력을 빨아 먹으려는 기생충과 같은 사람은 금방 탄로가 난다. 결국 도전다운 도전이나 값진 교훈을 얻지 못한 채 귀국 하게 된다.

아이 3은 적극적으로 성실히 하루하루 배움과 도전에 임하는 학생이다. 도전과 난관에 맞서며 그 과정에서 멍들고 넘어지더라도 깨닫는 점이 많다. 외롭고 힘든 싸움을 요령 없이 꾸준히 해나가는 스타일이다. 끈기는 절대 배신하지 않는다. 이렇게 프로그램을 마치면 무엇이든 혼자 힘으로 할 수 있다는 자신감이 생긴다.

아이 4는 창의적이며 열린 마음을 가지고 있다. 예를 들어, 이런 사람은 외국인 이성 친구를 만나 말과 글과 문화를 보다 가까이서 빨리 흡수한다. 더 나아가 한국말을 배우고 싶은 현지인을 모집해 언어 교환 프로그램을 운영하기도 한다. 주변으로부터 적절한 도움을 받으며 현지인들과 잊지 못할 추억을 만들어 가는 지혜로운 아이이다. 그 안에서 느끼고 배우는 바는 이루 말할 수 없이 소중한 것들이다.

이 이야기 속의 네 아이 중 열매를 맛보게 되는 자는 아이 3과 4에 불과할 것이다. 이 두 아이만이 달콤한 과즙이 가득한 홍시를 먹고 행복한 마음으로 돌아설 것이다. 그 중 그 씨앗을 가져와 뒤뜰에 심으려는 기특한 생각까지 하는 아이도 있지 않을까? 당신이 외국으로 떠난다면 그 가치를 얼마만큼으로 만들고 싶은가?

이제부터 많은 도전과 경험을 통해 성공적으로 해외도전의 가치를 극대화한 실례를 들려주고자 한다.

미국 고등학교에서 한국 학생 로라는 외로움을 많이 타는 감수성이 풍부한 괴짜 같은 아이였다. 머리가 뛰어나고 엄청난 노력을 기울였던 그 친구에게 나는 한때 시기와 질투를 느끼기도 했다. 하지만 나중에는 그 질투가 연민과 존경하는 마음으로 바뀌었다. 왜냐하면 그녀의 노력과 고통을 알기에 그 처절한 싸움을 인정할 수밖에 없었다.

로라는 항상 정면 돌파를 택했다. 외국학생으로서 토론 클럽 Forensic에 가입하여 연설과 토론에 당당하게 도전한 것이다. 우리는 TV쇼 〈비정상회담〉에 나와 자신의 의견을 소신껏 발표하는 외국인을 보고 감탄을 금치 못한다. 말을 더듬고 미흡한 문법과 틀린 발음일 때도 있지만 그들의 커다란 용기와 주관있는 사고방식에 놀란다. 로라가 그랬다. 처음에 그녀의 도전은 학교 전체의 비웃음을 샀

우수한 성적으로 어너스(Honor) 상을 수여받을 때, 나와 로라(내 오른쪽)

다. 그러나 나중에 그녀는 무서울 정도로 빨리 원어민처럼 착착 감기는 영어를 구사해냈다.

더 나아가 로라는 12학년 때 AP 영어수업을 택했다. AP 과목은 대학교 과정을 고등학교에서 선행하는 수업으로 이수 후에 시험을 통과하면 대학교 학점으로 인정받는다. 학생들 중에서도 최고만 들을 수 있는 수업이다. 모두가 상상도 못할 일이었다. AP수학과목을 듣는 동양인은 많아도 고차원의 AP영어수업을 듣는 외국학생은 없었다. 그녀는 그 고급 과정을 통해 말하기뿐만 아니라 독해, 작문까지 우수한 현지 학생들과 같은 수준으로 끌어올렸다. 치열하게 매달리고 도전한 로라는 멋지게 모든 과목을 우수한 성적으로 졸업했다. 뿐만 아니라 외로움과 수줍음이 많았던 스스로의 한계를 깨부수기 위해 졸업 당시 연극 무대에 섰다. 학교 전체 앞에서 완벽한 대사와 소름 끼칠 만한 노래를 선보였던 그녀는 모두의 뜨거운 박수갈채를 받았다. 그 날 내 눈에 비친 그녀의 도전은 눈물겨웠다.

또 다른 예는 중국 어학연수에서 만난 친구의 이야기이다. 테드라는 잘 생긴 미국 친구가 완벽한 중국어를 구사하며 교수님들과 긴밀한 관계를 과시하고 다녔다. 나는 뭐든지 척척 멋지게 해내는 그 친구의 허세를 탐탁지 않아 했다.

하지만 노력 없는 성과는 없다. 수업만 열심히 잘 따라가면 된다고 생각한 나에게 그 친구의 거침없는 도전은 충격 아닌 충격이었다. 중국에 있는 두 달이라는 짧은 시간 동안 교내 외의 행사란 행사는 모두 열과 성의를 다해 참여했다. 그는 베이징에서 열리는 연설 콘테스트는 물론 지역 방송국의 단기 인턴까지 겁 없이 도전했다. 또한 인맥을 중요시 하는 중국 사회의 일면을 간파하고 힘 있는 교수와 인맥을 형성해 갔다. 그래서 그는 수업 외의 시간에도 항상 교수와 어울려 다녔다. 졸업 후 테드가 중국 현지의 유명 기업에서 일자리를 얻을 수 있도록 한 교수가 다리를 놓아 주었다는 소식이 전해졌다.

어떠한 새로운 여정을 시작하려는 모든 이들에게 말하고 싶다. 이 기회를 얼마만큼의 가치로 만들어 갈지는 철저하게 본인의 몫이다. 목적 없이 방탕하게 흘려보낼 수도 있고, 이 기회라는 씨앗을 심고 가꾸어 열매가 주렁주렁 달린 나무로 키워낼 수도 있다. 냉혹하게도 기회란 다시 돌아오지 않는다. 더군다나 유학은 부모님의 경제적 지원과 더불어 가족과 생이별의 시간을 감수하는 투자이다. 세상의 모든 가능성을 믿으며 당신을 응원하는 가족들이 뒤에 서 있다. 이 레이스에서 어떤 목표를 보고 뛸 것이며 그 과정에서 무엇을 얻을것인지는 당신의 선택에 달려있다.

어느 날 신문 기사로 미국에서 유학을 하는 전하는 양의 뉴스를 접했다. 다시금 유학의 가치는 모두에게 다르다는 것을 느꼈다. 현재 미국 버지니아주 린치버그시 고등학교에 재학 중인 그녀는 하버드대에 장학생으로 합격했다. 다양한 봉사활동과 스포츠 활동을 꾸준히 했던 전 양은 중학교 때 축구부 주장을 맡기도 했다. 고등학교 때는 호스피스 병동에서 피아노와 바이올린 연주를 하는 봉사활동을 해왔다. 그녀는 또한 학비와 용돈을 벌기 위해 월마트에서 점원으로 일하기까지 했다. 그녀의 다양한 도전과 꾸준한 활동이 하버드 장학생이라는 크나큰 영광을 안겨준 것이다.

그녀의 활동 내역을 보면, 운동, 취미, 봉사활동, 아르바이트까지 몸이 열 개라도 어렵지 않았을까 싶다. 학업에 열중하며 부지런히 다양한 활동을 소화해 낸 것이다. 그녀는 다양한 도전을 통해 자신에게 맞는 몇 가지 활동을 파악했다. 그리고 지속적으로 그러한 활동을 유지하면서 성실하게 목표를 향해 나아갔다.

영국의 극작가 셰익스피어는 이런 말을 했다.

"자네, 시간이란 말이야, 각자 사람에 따라 각각의 속도로 달리는 것이네."

대부분은 어린 나이에 뚜렷한 꿈이나 목표가 없이 유학길에 오른다. 성인 또한 해외도전이라는 결심에 확신이 부족할 수 있다. 그래도 괜찮다. 적어도 다양한 시도를 통해 자신이 잘 하는 것과 좋아하는 것을 파악해 나가도록 하는 것이 중요하다. 그 도전 안에서 언어에 대한 장벽, 친구 사귀기에 대한 어려움, 꿈에 대한 의심까지도 모두 자연스럽게 사라질 것이다. 책만 파는 공부를 꿈꾸는 것이라면 꼭 떠나야 할 필요는 없을 것이다. 이왕 해볼 도전이라면 그 시간을 다양한 색의 경험으로 수놓을 수 있기를 바란다. 특별한 경험과 도전을 누려야만 한다, 이는 당신의 특권이기에!

김승혜표 오감영어공부법
(Five Sense Study)

"지금 완벽히 말할 수 있다고 상상해 보세요. 그런 마음가짐이
결국 승리로 이끌어 줄 겁니다."

＊

"영어와 중국어를 한다고요? 언어에 타고난
재능이 있나 봐요."

대부분의 사람들은 이렇게 말한다. 하늘이 준 재능이 정말 있는
지는 모르겠다. 하지만 확실한 것 하나는 나에게 특별한 공부 방법
이 있었다. 타고난 재능이 아니라 시행착오를 겪어가며 터득한 나
만의 비법 말이다. 앞서 언급한 '곱하기영어' 이외에도 내게는 다
른 비법이 있다. 영어라는 세계 공용어를 마스터 하고, 중국어라는
만리장성 같은 장벽을 넘는 동안, 나의 시스템은 더욱 견고하고 치
밀해 졌다. 나의 최적화된 시스템을 다섯 가지로 정리해 설명해 보
겠다. 이 다섯 가지 방법을 동시에 행할 때 가장 효과적이라는 점을
기억하기를. 이를 '김승혜표 오감공부법 Five Sense Study'이라

고 한다.

하나와 둘: 핸드 아이 프린트 Hand Eye Print

이는 촉각과 시각을 동시에 자극하여 암기 효과를 극대화 하는 방법이다. 펜을 부여잡고 손으로 글자 하나씩 눌러써 가며 한 단어를 외운다. 수 십 번을 쓰며 눈으로 단어를 머릿속에 찍어 담는다. 이 시각화 효과는 상상 이상이다. 백지의 연습장이 까맣게 앞 뒤 눌러쓴 흔적으로 너덜너덜해 지면 성취감과 뿌듯함을 느끼기도 한다. 20개의 단어를 외워도, 동의어 반의어까지 같이 외우니 대략 100개 남짓의 단어가 된다. 처음에는 팔이 아플 정도로 고통스럽기 그지없다. 하지만 곧 의외로 단어량이 빠르게 늘어서 나중에는 오히려 암기할 단어가 적어지는 것을 실감한다. 느는 속도가 눈에 띄게 보이니 더욱 동기부여 되기도 한다. 처음에는 힘들지만 그만큼 머릿속에 쌓이고 내 것이 되는 단어도 많은 것이다. 쓴 약이 몸에 득이 된다고 하지 않는가. 무엇이든지 아픈 만큼 기억에 남는다.

셋과 넷: 마우스 이어 레코드 Mouth Ear Record

입으로 소리를 내어 말하고 듣는 훈련을 한다. 단어와 문장을 발음해 보고 듣는 것이 매우 중요하다. 예를 들어 '에션셜 essential' 이라는 단어 스펠링만 외우고 발음을 신경 쓰지 않았던 나는 한동안 '에센티얼' 이라고 알고 있었다. 꼭 여러 차례 소리 내어 보라. 들어보고 발음과 입에 붙는 감을 익혀야 한다. 그러면서 발음과 억양이 눈에 띠게 향상된다. 스펠링만 알며 우물쭈물 입 밖에 내지 못하는 외국어는 아무 소용없다.

또한 성조가 네 개나 되는 중국어를 공부할 때 역시, 입과 귀로 하는 이 방법이 크게 효율적임을 다시 한 번 확인할 수 있었다. 그 효과를 톡톡히 봤다. 이 때, 크고 명쾌하게 소리를 뱉어야 한다. 이 단계가 없으면 외국어 공부는 순 엉터리이다. 음식이 몸에 영양분으로 흡수될 때와 같은 원리이다. 입으로 씹어 삼킨 음식이 위와 장을 거쳐서 배설되어야 제대로 체내에 흡수됐다고 볼 수 있다. 이처럼 뇌로 인식한 내용이 자연스럽게 입으로 나올 수 있어야 제대로 아는 것이다.

그래서 나는 가끔 수업 시간에 학생들이 이해한 내용을 앞에 나가서 가르쳐 보라고 떠민다. 들어서 아는 것과 직접 남을 가르칠 수 있을 만큼 아는 것은 차원이 다르기 때문이다. 외국인을 만났을 때 서슴없이 튀어나올 수 있는 실력은 여기서 판가름 나는 것이다.

위에서 말한 바와 같이, 단어를 쓰면서 발음해 보아야 한다. 이 때 단어가 들어간 문장까지 소리 내어본다면, 무의식적으로 문장의 활용법까지 익히게 된다. 이 오감공부법은 동시에 행할 때 그 효과가 가장 강력하다.

다섯: 육감Six Sense, 상상력과 잠재의식의 활용

앞서 눈과 손과 입과 귀를 이용한 공부법을 배웠다. 이번에는 네 개의 감각 기관을 이용한 방법을 놀랍도록 강하게 해 줄 숨겨놓았던 비밀병기의 차례이다. 잠재의식은 우리가 가지고 있는 이성적인 오감의 범주를 넘어선 가장 강력한 제 6의 감각이다. 잠재의식을 이용하다니 도대체 무슨 말인지 쉽사리 감이 오지 않을 것이다. 상세히 나누어 설명 하겠다.

먼저 상상력을 활용한 첫 단계이다. 이를 '파워 이매지네이션 Power Imagination (P.I.)' 라고 부른다. 공부 시작 전에 원하는 결과에 대한 강력한 상상력만으로도 공부의 효과를 몇 배나 올릴 수 있다. 이 30초가 모든 것을 좌우할 것이다. 모두가 언어를 공부하는 데는 이유가 있다. 시험을 잘 보기 위해서, 취직하기 위해서 혹은 멋지게 영어로 프리젠테이션을 하기 위해서 등 여러 가지 동기가 있을 수 있다. 눈을 감고, 자신이 이를 멋지게 성공한 장면을 생생하게 그려라. 30초 간 그 희열과 기쁨을 생동감있게 맛보는 것이다.

중국어는 내가 성인이 되어 머리가 굳어져 시작한 공부이다. 중국어 전공 과정은 하루 서너 시간 이상의 정규 수업이 요구되며 과제와 시험이 매일 쏟아져 나왔다. 그럼에도 불구하고 나는 항상 유창하게 발표하고 시험에 만점 받는 장면을 상상하고 또 상상했다. 그 덕분에 항상 과제와 예습복습을 미리 해 두는 꾸준한 열정을 보

고풍스러운 분위기와
쾌적한 시설이 갖추어진
대학 도서관은 내 가슴에 아련함과
설렘을 동시에 불러일으키는 장소다.
내가 살다시피 했던
메모리얼 유니언 도서관.

위스콘신 주립대의 명소
멘도타 호수에서 공부하고 있다.
나는 언제 어디서나 단어공부를
손에 놓지 않았다.

일 수 있었다. 나의 중국어 학점은 올 A에 가깝다. 정확히 한 과목 빼고 전부 A이다. 그 숨은 비결이 바로 공부 시작하기 전 30초의 파워 이매지네이션이었다. 멋지게 목표점수를 달성하고 신나게 외국어를 구사하는 장면을 상상하라. 이 짧은 순간 동기부여는 당신이 생각 치도 못한 잠재력으로 발휘할 것이다.

그리고 다음 단계, '1분 1초 공부법 1 Minute 1 Second Study' 이다. 공부를 마치고도 당신의 잠재의식은 항상 언어를 붙잡고 있어야 한다. 우리는 사랑에 빠졌을 때 하루 종일 상대방에게 마음이 향해 있다. 이와 마찬가지로 이해가 안 가는 부분이나 외워지지 않는 단어를 항시 붙잡고 있어야 한다. 이렇게까지 하는 것이 어렵게느껴진다면 조금 더 실질적인 방법이 있다.

1분 1초라도 짬이 나면 또 꺼내 보는 것이다. 단어 공부는 자투리 시간을 활용하며 하기에 최고이다. 그래서 나는 자투리 시간을 공략한 시스템, '1분 1초 공부법' 을 만들었다. 미국학생들이 인덱스카드에 단어를 써서 본다. 나는 이에 착안하여 나만의 중국어 인덱스카드를 만들었다. 깔끔하고 크게 쓴 단어 그리고 밑에는 동의어 반의어 혹은 짧은 문장을 작게 써서 한 장의 카드에 담았다. 이 카드를 어디든지 가지고 다니며 이동 중이나 쉬는 시간 틈틈이 봤다. 나는 언제 어디서나 카드를 손에서 놓지 않았다. 다음 날은 또 새로운 챕터의 단어와 어제 본 카드를 함께 가지고 다니며 봤다. 복습과 반복은 언어를 마스터하는데 필수요소이기 때문이다. 이렇게 자투리 시간을 활용하면 당신의 잠재의식이 항상 자극된다. 실력이 늘 수 밖에 없다. 기억하라, 하루 종일 손과 머리에서 붙잡고 있다면 결국 당신이 이길 수밖에 없음을!

잠재의식을 활용하는 공부법의 마지막 단계는 바로 잠들기 전 10분을 활용하는 '드림 마인드 컨트롤 Dream Mind Control' 이다. 사람의 뇌는 잠들기 전에 생각한 내용을 저장한다. 마치 잠들기 직전까지도 어떤 걱정을 내려 놓지 못하면 그대로 꿈을 꾸는 것과 같다. 다음 날 5시에 일어나야지 하는 생각을 간절히 하다 잠들면 다음 날 신기하게도 그 시간에 눈이 번쩍 뜨이는 경험과 같다. 잠이 들기 바로 직전, 우리 뇌는 긴장이 풀리고 이성으로 정보를 감지하는 오감이 느슨해진다. 그 때 발휘하는 잠재의식의 힘은 이루 말할 수 없이 무한하고 강렬하다. 예를 들어, 아인슈타인은 풀지 못한 문제를 골똘히 생각하다 잠 들었을 때 꿈에서 그 해결책을 보았다. 잠에서 깨서 꿈에서 본 대로 하자 문제가 풀렸다. 어떤 사업가는 투자금 문제가 원만하게 해결될 것을 바라며 잠이 들었다. 신기하게도 다음 날 투자금이 들어왔다는 거짓말 같은 전화를 받았다.

이 모든 것이 잠들기 전 잠재의식에서 비롯된 것이다. 언어가 목표이면 언어를 다시 보면서 잠들고, 성공적인 프리젠테이션 발표가 목적이면 그 연습을 하거나 그 모습을 상상하다 잠들면 된다. 나는 인덱스카드를 넘겨보며 잠들곤 했는데, 다음 날 시험에서 잠들기 전에 본 단어는 명확하게 떠오르는 신기한 경험을 여러 차례나 했다. 공부할 시간이 없어 고민을 하는 학습자에게 드림 마인드 컨트롤 비법을 귀띔해주었다. 한 임원 학습자는 자기전에 공부한 내용을 녹음하여 들으며, 이 효과를 크게 보았다.

이렇게 외국어를 공부하는 데 있어서 잠재의식과 상상의 힘이 중요한데, 대부분의 사람들은 정확히 그 반대로 행동한다.

"영어를 잘 못해서요. 지금 말고 나중에 잘 하면 다시 말 할게요."

라고 우물쭈물 거리는 학생을 수없이 봤다. 우리는 사회적 지위와 그 실력에 상관 없이 누구나 영어 앞에서 위축되고 자신감 없어한다. 나중에 할 것이라는 생각을 접고 지금 당장 해야 한다. 그런 말을 뱉으면 대부분 생각보다 훨씬 오랜 시간이 지난 후에 목표를 이루게 되거나 혹은 평생 이루지 못하게 된다. 열등감이나 위축된 자세는 외국어를 공부할 때 가장 먼저 파내야 하는 썩은 쓰레기와도 같다.

나는 나만의 공부 비법으로 영어와 중국어를 완벽하게 마스터했다. 나보다 오래 외국에 살았더라도 가르칠 실력이 안 되는 사람이 수두룩하다. 나는 그 차이가 시행착오를 겪으며 터득한 나만의 비법, 오감공부법5 Sense Study 덕분이라고 자신 있게 말할 수 있다. 내가 수업에서 항상 열렬히 외치는 메시지이다.

"Now or never!!! If you think you can't do it now, you never will!!! You must think you can speak perfect English now! That will make you the winner eventually! 지금 이 순간이 아니면 절대 안 되요! 지금 못 할 거라고 생각하면 영원히 못하게 되죠. 지금 완벽히 말 할 수 있다고 상상해 보세요. 그런 마음가짐이 결국 승리로 이끌어 줄 겁니다."

두 배의 법칙

우리 모두는 나름대로 노력을 기울이며 산다.
하지만 정확히 어떤 점이 부족하고 개선해야 하는지 알면서도
적당히 덮어두고 넘어가려 할 때가 많다.

●

● 한국에서야 그냥 남들보다 조금 더 노력하
는 것만으로 좋은 성적을 거둘 수 있었다. 그러나 말이 안 되는 외
국에 나가 현지학생들과 경쟁해야 한다는 것은 또 다른 차원의 도
전이다. 그래도 죽으란 법은 없다. 영어가 뒤떨어질지 모르지만 내
사고나 노력은 전혀 뒤떨어지지 않는다는 것을 깨달았다.

"그래. 남들의 두 배, 세 배의 노력을 기울이면 돼!"

이렇게 외치면 장시간의 엉덩이 싸움도 그렇게 어렵지 않았다.
단순히 책상에 앉아 조금 긴 시간만 투자하면 그들과 동등하게 겨
룰 수 있는데, 어려울 것이 아무 것도 없었다.

그러나 치열하게 공부하고 끊임없이 교수님을 괴롭혀 가며 좋은
성적을 유지한 나에게도 풀지 못하는 숙제가 있었다. 바로 토론 발

표였다. 남들 앞에서 말한다는 것은 우리말로도 쉬운 일이 아니다. 하물며 매끄러운 영어 발표를 하려면 많은 것이 필뒷받침 되어야 한다. 내용에 대한 완벽한 이해, 치밀한 프리젠테이션의 구성과 자신감 있는 발표가 필요하다.

대학교 전공이 미술사와 중국어였다. 나는 서양미술의 광범위한 역사는 물론, 정치, 경제, 종교, 철학, 심리학 등 광대한 인문학을 이해해야 했다. 쉽게 말해, 선사시대에 동굴에 남은 낙서부터 사람이 살기 시작하며 일구어낸 모든 발자취를 공부했다. 당연히 리딩의 양과 난이도는 엄청 났다. 한국말로 읽어도 어렵고 졸음이 쏟아지는 내용들. 엄청난 양의 책을 쌓아놓고 수백 개의 단어를 찾아가며 읽고 또 읽어야 했다.

그래서 대학 시절을 떠올리면 가장 기억에 남고 애틋한 장소는 도서관이다. 고풍스러운 분위기와 쾌적한 시설이 갖추어진 대규모의 주립대 도서관은 내 가슴에 아련함과 설렘을 동시에 불러일으키는 장소이다. 다시 모교에 돌아간다면 제일 먼저 찾아갈 곳도 제일 발걸음이 안 떨어질 곳도 도서관이다. 그만큼 도서관이 내 대학생활의 모든 것이었다.

대학의 많은 수업이 기본적으로 토론 발표와 글쓰기를 요구한다. 이런 수업을 따라가느라 바빠서 솔직히 중국어 공부는 쉬면서 했다. 그냥 외우면 되니까 오히려 부담될 것이 없었다.

대학교 체이즌 미술관에서 작품 분석하며 골똘히 생각에 잠겼다. 사색가 흉내를 내며 진짜 아트히스토리안이 되려는 노력을 기울였다. 그것도 아주 진지한 얼굴로!

본격적인 성적 관리를 위해 전략이 필요했다. 1학년 첫 학기는 별 생각 없이 흥미 위주로 스케줄을 짰다가 올C 를 받아 크게 데였다. 입학 당시 신입생의 스케줄 짜는 것을 도와주는 프로그램이 있었다. 여기서 빼어난 미모의 금발 선배 말만 듣고 수강선택을 했다가 한 학기 내내 애를 먹었다. 왜냐하면 현지인에게 쉬운 과목이 외국인에게 어려울 수 있기 때문이다.

나는 점점 나에게 최적화된 스케줄을 짜는 데 전략가가 되어 갔다. 귀동냥으로 한국 학생들의 입 소문에서 알짜정보를 하나 둘씩 얻어 나갔다. 그리고 현지 학생들의 정보도 낱낱이 파악해 나갔다. 교수들의 특성과 수업 방향에 대해 학생들이 솔직하게 평가한 사이트(ratemyprofessor.com)가 있다. 그래서 나의 특성에 맞는 수업과 교수를 면밀히 분석했다. 개강 후 몇 주 동안은 자유롭게 수업에 참여할 수 있기 때문에 욕심을 두둑이 부려 많은 수업을 청강하고 수업개요를 검토했다. 일일이 교재도 다 구입해서 지나치게 난이도 있는 리딩을 요구하는 과목은 포기했다.

그렇게 완벽한 스케줄이 나오면 항상 앞자리를 석권해 교수와 눈을 맞추고 오피스아워Office Hour에 찾아가 팁을 얻고는 했다. 성적이 안 나올 수가 없는 시스템이다. 교수님이나 TATeaching Assistant : 조교도 노력 하는 학생은 하나라도 더 도와주려고 하기 나름이다. 그래도 따라가기 어려운 과목은 따로 방법이 있었다. 노력에도 불구하고 성적이 안 나올 것 같은 과목은 '패스 혹은 패일pass or fail'로 돌릴 수 있는 기회가 주어진다. 그 제도를 꼭 필요한 때에 활용했다. 그렇게 발품을 팔아가며 동원할 수 있는 협조와 정보를 모두 끌어다가 성적을 관리했다.

미술사 입문 수업은 그림을 보고 1초 만에 예술가, 연도, 작품제목, 나라를 떠올릴 수 있는 훈련부터 시작한다. 수 천, 수 만 개의 슬라이드를 다 외우는 작업으로 미술사 입문의 발을 떼는 것이다. 고대시대부터 2000년도 넘는 역사에 존재하는 모든 유명 작품, 조각, 건축물 등 양이 방대했다. 먼저 미술사라는 과목의 특성을 생각해 보았다. 크게 세 부분, 작품의 정보 숙지, 리딩에 대한 이해, 논리적 글쓰기를 공략하면 되겠다 싶었다. 그 중 작품 정보 숙지와 리딩을 최우선순위로 공략하는 것이 나의 작전이었다.

치열하고 뜨거운 엉덩이 싸움이 시작되었다. 우선 1학년 기숙사 생활을 마치고 집을 구할 때, 미술관에 가까운 아파트로 옮겼다. 매일 전투에 나가는 것처럼 군더더기 없이 행동하고 움직였다. 엄청난 양의 작품 정보를 정리해 인덱스카드를 만들었다. 내 가방은 항상 미술사와 중국어 인덱스카드가 한 가득이었다. 5분도 안 되는 자투리 시간에도 항상 내 손과 눈은 바쁘기 그지없었다. 그래서 이를 1분 1초 공부법이라고 칭한 것이다. 하루도 거르지 않고 엄청난 양을 숙지했으며 수업 후 또 엄청난 양의 책을 들고 도서관으로 향했다. 그 단순했던 일과 속에서 타오른 열정과 진심 어린 노력이 아름다웠다는 생각이

후드티에 질끈 묶은
머리와 안경이 나의 전투복이었다.
커피와 물통, 쿠키 한봉지면
나는 전투태세 완료였다.

미술관이나 갤러리의 큐레이터는
작품에 방해가 되지 않도록 항상 검은 옷을
즐겨 입는다.
그 흉내를 내며 갤러리로 향할 때 나는
검은 옷을 입었다.

든다. 도서관에 가서 씨름하다가 맛있는 저녁을 사먹고 또 도서관이 닫을 때까지 공부했다. 매일 그게 일상이고 낙이었다. 대부분의 학생들은 시험 때가 아니고서야 저녁 때면 파티에 갈 준비를 한다. 그러면 도서관은 몇몇 학생들 밖에 남지 않는다. 고요함이 감도는 새벽까지 서로 자리를 지키고 있다는 것에 의지하며 다들 책과 사투를 벌이고 있는 순수한 시간이 흐른다.

물론 모든 유학생이 이렇게 공부 하는 것은 아니다. 내가 대학 시절 학교, 도서관, 집만 오가며 살았다는 말을 하면 사람들은 농담인 줄 안다. 하지만 이 말에 실린 무게를 내 가슴이 알고 있다. 미련할 만큼 그렇게 책과 싸웠다. 이내 결과가 드러나기 시작했다. 수백 명이 듣는 미술사 수업에서 교수님의 질문에 나는 자신 있게 발표 할 수 있었다. 나의 첫 미술사 시험 점수는 102점이었다. 모두 정답을 맞히고 보너스 문제까지 맞추었던 것이다.

하지만 시간이 흐르고 수업 레벨이 올라갈수록 내 공부방법의 헛점이 드러나기 시작했다. 난이도 있는 내용을 깊이 이해하려면 책만 읽는다고 되는 것이 아니다. 나는 사전을 찾아 가며 퍼즐 조각을 맞추듯 책을 읽는 것에 급급했다. 이 내용을 머릿속으로 정리해 나의 것으로 소화하지 않았던 것이다. 때문에 내용을 깊이 파악하고 비평적인 사고를 하는데 한계가 있었다. 배운 바를 나의 언어로 설명할 수 있고 나의 글로 쓸 수 있어야 완벽하게 소화가 된다. 모든 공부가 마찬가지이다. 나는 안주했던 것이다. '이만하면 되겠지'라는 생각으로 문제가 드러났음에도 불구하고 전략을 바꾸려 하지 않았다.

졸업학기에는 소수정예 세미나 수업이 있다. 대학원생도 참여하는 고차원적인 수업이었다. 이 수업에서 발표나 글로 나만의 관점을 제시하는 것에 항상 고전을 면치 못했다. 나의 구멍이 더더욱 여실히 드러났다. 각자 한 학기 동안 선택한 주제를 연구하고 마지막에 연구 결과를 발표하고 페이퍼Paper : 리포트를 제출해야했다. 이 수업을 설렁설렁 한다는 것 자체가 다른 사람들에게 민폐였다. 나도 계란으로 바위 치는 심정으로 따라가기는 했지만, 정보 위주의 공부 방식에 익숙해진 나는 비평적인 시각과 의견을 내놓는 것이 크게 부족했다. 암기 위주의 학습법으로 언어나 기본적인 과목은 어느 정도 재미를 볼 수 있다. 하지만 그것을 뛰어넘어야 하는 단계에 다다랐을 때 한계에 부딪칠 수밖에 없었다. 하버드와 같은 최고의 아이비리그는 '팩트는 존재하지 않는다.' 는 관점에서 출발해 모든 것을 재해석하며 역사수업을 진행한다. 미국의 다른 대학도 비평적인 사고 위주 수업을 진행한다. 그래서 나는 역사적인 정황 속에서 작품을 바라보고 재해석해야 하는 토론이나 발표에서 횡성수설 하기 일쑤였다.

그 수업에 나보다 한 살 많은 지혜언니가 있었다. 나와 미술 실기 수업도 듣고 사진부 활동도 같이 하는 친한 언니였다. 어느덧 다가온 최종 발표에서 그녀는 나를 비롯한 반 전체의 놀라움을 샀다. 내용의 치밀한 구성과 일목요연한 논리 그리고 부드럽게 넘어가는 프레젠테이션이 모두 뛰어난 수준이었다. 그에 비해 논리와 전개가 허술하기 짝이 없던 부끄러운 발표를 마쳤던 나였다. 나는 그녀에게 그 비법을 물었다.

"나는 리허설 하듯이 몇 날 며칠 동안 발표 준비를 했어. 내 앞에 진짜 사람을 앉혀 놓고 연습도 많이 했지. 그리고 교수님께 미리 내용을 검토 받고 부족한 점을 수없이 고쳤어."

다른 사람 두 배의 노력을 기울였던 그녀. 그리고 그 결과는 항상 정직했다. 교수님의 피드백을 수차례 받으며 본인의 탄탄한 이해를 바탕으로 독창적인 견해가 형성되었던 것이다. 또한 충분한 연습으로 자신감 있게 발표 할 수 있었다.

우리 모두는 나름대로 노력을 기울이며 산다. 하지만 정확히 어떤 점이 부족하고 개선해야 하는지 알면서도 적당히 덮어두고 넘어가려 할 때가 많다. 이 부분은 스스로가 가장 잘 알고 있을 것이다. 월등히 뛰어난 자에게 조언을 구해서, 부족한 바를 철저하게 여러 번이나 보완하며 매달리는 사람은 정작 몇 되지 않는다. 물이 99°에서 끓지 않듯이, 웬만한 노력으로는 다음 단계로 성장할 수 없다. 가끔 인기드라마 주인공 현빈의 유행어처럼 "그게 최선입니까?"라

고 자문해 보자. 나름대로의 노력은 충분하지 않다. 항상 충분하다
고 생각하는 양의 두 배의 시간과 노력을 기울여라.

이 시련 또한 지나가리라

나는 달리고 달리며 항상 생각했다. 지금 이 외로운 나날들이
미래의 내 자서전 한 부분에 실릴 거라고.

'외로워하지 말라. 다 똑같다.'

우리나라 최고의 현역 광고인 박웅현 ECD총괄 크리에이티브 디렉터의
아이디어 노트 첫 페이지에 이와 같이 적혀 있다. 담백한 그 말이
나는 참 좋다. 그렇다, 누구나 다 외롭다. 어떠한 인생이라도 외로
움은 항상 안고 가야 하는 삶의 일부와도 같다. 외국 생활의 가장
큰 고충 역시 바로 이 외로움이다.

고등학교 내내 마음 붙일 곳도, 고민을 터놓을 데도 없었다. 홈
스테이 문제와 친구 하나 없는 학교 속에서 나는 언제나 움츠러 들
어있었다. 간간히 집에 전화는 했지만 그마저 홈스테이 가족의 눈
치가 보였고, 걱정하는 부모님께 미주알고주알 다 일러바칠 수도
없는 노릇이었다. 너무 긴장한 상태여서 사실 내 마음이 이렇게 외

롭고 움츠러들었는지 느낄 새도 없었다. 하루하루 살얼음 같은 일상을 견뎌낼 뿐이었다.

그러면서 폭식의 습관이 스멀스멀 고개를 들었던 것 같다. 달고 기름진 자극적인 미국 음식이 혀에 착착 감겼다. 식사량은 보통이었는데, 항상 간식으로 식빵이나 과자 같은 것을 달고 살았다. 식빵에 짭짤하고 부드러운 버터를 발라 먹으면 그 맛이 아주 일품이었다. 식빵에 한번 손대면 한 장 두 장 끝도 없이 들어갔다. 외롭고 공허한 마음을 그렇게 달랬다.

한편으로 이런 나의 모습이 홈스테이 가족들에게 곱게 보일 리 없었다. 나를 보고 자기집 음식까지 축낸다고 생각했나 보다. 빵을 많이 먹는다고 은근히 구박 하기도 했다. 나중에 현지 코디네이터에게도 이런 불만 사항을 전하는 통화를 우연히 듣고, 더욱 서러운 마음이 들었다. 집 떠난 고생이라는 것이 이런 거구나 싶었다. 가족과 집이 사무치게 그리웠다.

점점 살이 찌긴 했지만 주변에서는 별일 아닌 듯 넘겨버렸다. 살이 많이 쪘 냐고 물어보면 주변 사람들은 호들갑쯤으로 치부해 버렸다. 외국에서는 동양인 체구가 작다는 선입견 때문에 10킬로그램 쪄야 '살이 쪘구나.' 한다. 비만의 스케일 자체가 다르다. 1, 2킬로그램 살이 붙는 것은 한국 여성들에게 큰일이지만 미국에서는 명함도 못 내밀 이야기이다.

하여간 점점 불어나는 몸이 볼 수 없이 괴로웠다. 나중에는 정말 약 10킬로그램 가량 찐 것 같다. 그래서 나는 달리기로 폭식에 대한 죄책감과 열등감을 떨치려 했다. 항상 이른 새벽에 일어나 동네를 뛰곤 했다. 오후에 달리기를 하면 동네 사람들이나 아이들 눈에 띌까봐 싫었다. 나를 신기하게 바라보는 시선들이나 홈스테이 가족들의 시야에서 벗어나 완전히 차단된 세계로 도망치고 싶었다. 그래서 택한 것이 등교 전 새벽 6시쯤 동트기 전 칠흑 같은 어둠을 뛰는 것이었다. 그렇게 달리고 나면 상쾌한 기분에 그날 하루는 외로움도 조금 가볍게 맞이할 수 있을 것 같았다.

나는 달리고 달리며 항상 생각했다. 지금 이 외로운 나날들이 미래의 내 자서전 한 부분에 실릴 거라고.

'미래에 나는 유명해질 것이고 내 이름 석 자로 자서전을 출간할 것이다! 오늘 이 고독한 달리기도 그 책에 실릴 내용의 에피소드에 불과하다. 이 시련 또한 지나가리라!'

이러한 믿음, 한 가닥의 희망이 없었다면 나는 어떻게 되었을까?

솔직히 해외에서의 삶은 많이 외롭다. 어떤 곳 어떤 상황에서든지 외국에서 살아가는 것은 그리 쉬운 일이 아니다. 모든 것이 낯설다. 나의 언어와 나의 사람들과 분리되어 뼈 속까지 외국인처럼 생각하는 법을 강요당한다. 그렇지 않으면 살아남을 수 없기 때문이다. 그렇기 때문에, 내가 누구인가라는 질문에 부딪치기도 했다.

지나고 보니 그렇다. 내가 살아온 익숙한 방식과 믿어온 모든 가치가 전복되고, 새로운 세상에 적응하기 위하여 그들 흉내를 내고 있는 나를 보게 된다. 이전의 나는 온데간데 없다. 그들처럼 생각하고 말하고 행동하려는 나의 노력이 얼마나 애달픈지는 상관없다. 나는 그저 이방인일 뿐이다. 결국 살아왔던 익숙한 모습도 아니고, 외국이라는 새로운 세상에 받아들여지지도 않은, 어느 영역에도 속하지 못한 껴있는 존재가 된다.

유학, 워킹홀리데이, 어학연수, 교환학생, 이민, 해외 근무 등 다양한 이유로 외국에서 사는 사람들 마음이 어떠할지 십분 공감이 간다. 그 혼란의 시간과 외로운 나날 속에서 이 생각 하나를 꼭 붙잡고 있기를 바란다. 이 시련 또한 지나갈 것이다! 또한 지금 당신은 때 나의 절박한 바람이 현실로 이루어진 증거인 이 책을 보고 있다.

절대 공부하지 말 것

책 밖의 거친 세상을 맛보고 생생하게 경험하며
가슴으로 깨닫는 것이 진짜 지식이다.

●

외국에 가서 처음에 2년 정도 미친 듯이 매달려야 한다. 그 시간이 지나고 나면 듣기, 말하기, 읽기, 쓰기 모든 것이 한결 수월해진다. 이제 학업을 따라가는 데 예전만큼 치열한 노력이 필요하지 않다. 이때부터 공부만 하던 전략을 조금 바꾸어야 한다. 책 공부가 아닌 진짜 인생 공부를 해야 할 시간이다. 감히 충고한다, 절대 공부하지 말지어니!

이것저것 적극적으로 참여해야 현지인들의 삶과 문화를 체험할 수 있다. 현지인들과 어울리며 소중한 추억을 만들고, 이로서 더 큰 기회를 움켜쥘 수 있다. 차 없이 이동에 제약이 따르는 시골 동네에 있다면 차 있는 친구들과 가깝게 지내라고 귀띔하고 싶다. 밖에 나가 현지인들과 자연스럽게 어울리고 우정을 쌓을 수 있는 기회를

집앞 공원에서 풋볼 경기의 룰도 모른채 이웃들과 풋볼게임을 하고있다.

만들어라. 이 과정에서 당신의 시야와 그릇이 확장될 것이다. 이렇게 쌓은 인맥과 성장한 당신의 의식은 나중에 삶을 또 어디로 이끌지 모른다.

뉴욕의 우리 학교는 여자 축구팀이 주 대표로 이름을 날렸다. 학교 내의 모든 인기 있는 친구들이 스포츠 팀이었다. 그런 만큼 나도 가입을 희망하는 마음이었다. 하지만 이내 나의 작은 소망은 난관에 부딪쳤다. 우선, 뉴욕 주는 법으로 외국 학생들이 공식적으로 운동 경기에 출전하지 못하도록 규정하고 있다. 외국 국적의 학생들이 격렬한 경기 도중 다칠 것을 우려한 법안이다. 하지만 외국학생들 입장에서 보면 아주 불리하게 느껴졌다.

또, 스포츠 팀은 강도 높은 훈련과 때로는 합숙훈련까지 참여해야 한다. 이를 위해 홈스테이 가족이 라이드ride: 차로 바래다주거나 데리러 오는 것를 해 주어야 하는데 그것이 가능한지 여부가 불투명했다. 만약 내가 강한 의지를 보였다면 홈스테이 가족이 흔쾌히 지원해 주었을 것이다. 또한 친구에게 라이드를 부탁할 수도 있었다. 외국에서는 스포츠를 한다는 것은 장려할 만한 활동으로 여겨지기 때문에, 생각보다 쉽게 주변의 도움을 받을 수 있었을 것이다. 하지만 괜히 귀찮은 일을 부탁하는 것이 아닐까 싶어 지레 포기하려는 마음이 들었다. 게다가 교무부장 선생님이 저렇게 단호하게 공식적인 경기 출전이 불가하다고 하니, 나는 쉽게 단념해 버렸다. 나중에는 아예 고된 훈련을 받으면 무슨 소용이 있겠냐며 자기합리화를 해버렸다.

그런데 한 한국 아이가 용감하게 축구부에 가입 했다. 그 아이는 영이었다. 처음 봤을 때, 영은 작은 키와 뚱뚱한 몸집에 덕지덕지 붙은 여드름까지 참 촌스러운 인상이 풍겼다. 일자 모양의 앞머리에 긴 머리가 허리까지 내려와 마치 짜리몽땅한 중국 인형을 연상시켰다. 솔직하고 활기찬 그녀와 나는 금방 친구가 되었다.

영이 가족에게 축구팀에 대한 도전 의사를 진지하게 전달했다. 스포츠 활동을 해보겠다는 그 뜻은 흔쾌히 받아들여졌고, 영은 매일 훈련에 참가했다. 경기에 뛰지 못하는 것에 대해서도 그녀는 대수롭지 않아 했다.

"어차피 축구를 평생 해 온 애들인데, 내가 경기를 뛰어 봤자 피해만 되지. 재미있게 같이 훈련 하는 것만으로도 만족해."

그녀는 이렇게 말하고 방과 후 축구장으로 사라지고는 했다. 그 뒤로 영은 지독한 훈련을 하며 몰라보게 날씬해 졌으며, 현지 아이들과 유대감을 형성해 즐겁게 학교생활을 할 수 있었다. 미국 애들도 경기 때마다 벤치를 지키는 응원 대장이 된 그녀를 진짜 친구로 받아들인 것이다. 영은 파티에 초대받기도 하며 신명 나게 학교생활을 채워나갔다. 졸업할 무렵 코치는 자신의 재량으로 마지막 15분 동안 영이 실제 경기에서 뛰도록 허락해 주었다. 코치를 비롯한 모든 친구들이 한 마음으로 그녀를 응원한하고 있었다.

반대로 공부에만 전념하기로 했던 나는 고등학교 내내 제대로 된 미국친구가 하나도 없었다. 이성에게 인기가 있었던 편이었지만, 내가 쳐 놓은 방어의 벽이 너무 높았다. 미국 애들과 잘 섞이는 영이 부럽기도 했다. 내가 영보다 성적도 높고 인물도 낫다며 자위하기도 했다. 유치하기 짝이 없는 생각이었다.

그러다 졸업이 다가왔다. 나는 별 다른 고민 없이 미국 대학교로 진학했다. 그러나 영은 자신이 공부 보다는 몸으로 부딪치는 실전에 강하다는 사실을 깨닫고 또 다른 도전을 결심했다. 스위스로 호텔경영을 공부하러 떠난 영은 졸업 후 전 세계를 돌아다니며 최고의 호텔리어가 되었다. 지금 영은 런던의 최고급 호텔에서 최단기간의 승진을 일구어 냈다. 그녀의 미래 꿈은 런던에서 호텔경영을 가르치는 교수가 되는 것이다.

모두가 멋진 유학을 그리며 떠난다. 하지만 실제 상황은 예상치 못했던 장벽으로 자신이 이루고자 했던 소망이 가로 막혀 보일 수도 있다. 하지만 그 꿈을 밀고 나가려는 자에게 해결책과 도움의 손길이 주어지기 마련이다. 코미디언 조너던 윈터스Jonathan Winters는 이런 말을 남겼다.

"기다리는 배가 아직 도착하지 않았다면 헤엄쳐 나가 배를 마중하라."

아직도 나는 그 때의 성급한 포기가 후회스럽다.

간혹 공부하기도 바쁜데 공부에만 전념하는 것이 뭐가 문제냐는 질문을 받기도 한다. 하지만 인생은 지식보다 몸으로 부딪쳐 배운 지혜가 더 강력할 때가 많다. 단순히 유학이라는 모험을 잘난 졸업장이라는 목표에 국한 시킬 것인가? 외국에 나가 있는 기회는 산해진미가 가득 차려진 식탁 앞에 앉은 것과 같다. 생전 듣고 보지도 못한 이국적인 음식이 차려 있고, 약이 되지만 쓰고 고약한 맛의 음식도 차려 있다. 화려한 색채만큼이나 풍미 깊은 맛을 뽐내는 음식도 있고, 소박하지만 진하고 깊은 맛을 내는 음식도 있다. 이를 모두 맛보고 싶지 않은가? 적어도 지금 눈앞에 이 모든 음식이 가득 차려있다면 말이다!

미국에 '북 스마트와 스트리트 스마트Book Smart vs. Street Smart'라는 표현이 있다. 상반되는 두 개념이다. 북 스마트는 책벌레의 지식의 힘, 그리고 스트리트 스마트는 소위 가방 끈이 짧지만 풍부한 실전경험의 소유자를 뜻한다. 미국의 인기 TV 쇼 〈견습생Apprentice〉이라는 서바이벌 구직 쇼에서 이 주제를 미션으로 다루기도 했다. 이 쇼에서 공동 제작자이자 진행자인 도날드 트럼프Donald Trump가 외치는 "You are fired! 당신 해고야!"가 유행어가 되기도 했다. 미국도 청년 취업난이 심각한데, 이를 겨냥하여 제작된 이 박진감 넘치는 쇼는 세계적으로도 큰 인기몰이를 했다.

참가자들이 북 스마트 팀과 스트리트 스마트 팀으로 나누어져 흥미로운 경쟁을 펼쳤다. 미션에서는 북 스마트 팀이 명석한 두뇌

대학교 때 사진부 써니식스틴Sunny Sixteen에 가입해 활동했다. 학
생들끼리 사진전을 기획, 전시했으며 연간행사인 영상전도 개최했다.

와 논리적인 작전으로 상대팀을 눌렀다. 고학력자는 최고의 환경에서 자라난 온실 안의 화초 같고, 밑바닥부터 경험을 쌓아온 사람은 질긴 잡초와 같다는 비유를 들 수 있다. 이 TV 쇼에서는 화초가 잡초를 눌렀다. 하지만 어느 쪽 힘이 센 지 절대적인 답은 있을 수 없는 것이다. 상황마다 필요한 지혜와 지식이 다르고, 사람마다 발휘할 수 있는 역량이 다르기 때문이다.

2015년 9월 19일 《월스트리트저널》이 흥미로운 기사를 보도했다. 하버드대 학생들과 청년 재소자들이 토론 배틀이 붙었다. 재소자들에게 교육의 기회를 주고자 기획된 것이다. 뉴욕주 동남부 캣스킬스Catskills의 이스턴뉴욕Eastern New York 교도소에 수감된 3명의 흉악범들과 하버드대생 3명이 모였다. '불법 이민자 학생의 공립학교 입학을 허용해야 하는가?' 라는 주제를 두고 열띤 토론이 벌어졌다. 재소자들은 공립학교는 교실 과밀화와 예산 부족에 허덕이기 때문에 불법 이민자 학생을 받아들이면 안 된다는 입장을 펼쳤다. 결과는 재 소자들의 승리였다. 심사위원장 메리 너전트는 재소자들의 승리였다. 메리 너전트Mary Nugent 판사는 재소자들의 체험에서 우러난 논리가 훨씬 와 닿았다고 평했다. 반면 하버드대학 팀은 유복한 가정에서 자라 교육에 소외된 이들의 현실을 잘 파악하고 있지 않다는 평을 받았다.

우리가 인생을 살아가며 책으로 얻어지는 지혜는 극히 일부에 불과하지 않는다. 실전에서 배운 경험의 힘은 달달 외운 영단어나 혹은 미적분을 풀어내는 수학능력 보다 훨씬 강력하다. 공부가 다가 아니다. 공부는 기본이다. 세상은 성적보다 더 중요한 것으로 가득 차 있다.

당신은 이미 외국이라는 멋진 보물섬 한 가운데에 있다. 그런데도 책만 하루 종일 파고 있는 것은 환경이 제공하는 기회를 누리지 못하는 것과 같다. 술집에 가서 현지인들과 어울리고, 숨은 맛집을 발굴하며 로컬음식의 진미도 맛봐야 한다. 축제에 껴서 마음껏 춤도 춰보고, 젊기에 할 수 있는 바보 같은 게임도 해 봐야 한다. 우리는 젊기에 나가서 부딪치고 느껴봐야 한다. 그 경험을 거름 삼아 당신의 의식이 성장할 것이다. 책 밖의 거친 세상을 맛보고 생생하게 경험하며 가슴으로 깨닫는 것이 진짜 지식이다.

짧게 빛난 10번의 아르바이트

짧지만 다양한 아르바이트를 통해 내가 가진 장점을 파악하고 이를 빛나게 하는 자리를 탐색한 것이다. 어떤 일이나 불도저와 같은 자세로 임하기는 어렵다.

미국에 있으며 항상 가졌던 질문 중 하나는 '왜 현지 아이들은 당당하고 자신감이 넘칠까?' 였다. 그 답으로 여기는 것이 바로 그들의 경제적인 자립심이다. 그들은 어릴 때부터 돈을 벌며 자립심을 키워 나간다. 어릴 때도 집안일을 도와서 그에 합당한 용돈을 받기도 한다. 대부분 열여섯 살 정도부터 아르바이트를 시작한다. 자기 힘으로 자동차를 사기도 한다. 또 장학금 혹은 학자금대출로 부모에게 손을 벌리지 않고 대학을 가는 것이 일반적이다. 이와 달리 머나먼 타지로 유학 온 학생들의 대부분 부모님의 경제적인 지원에 힘입어 그 기회를 누린다. 어떻게 보면 다 차려진 밥상을 맛있게 잘 먹기만 하면 되는 것이다.

부모님의 무한한 신뢰 덕에 나는 미국 땅까지 혼자 왔다. 하지만 항상 죄송한 마음이 가슴 한 켠에 자리 잡고 있었다. 유학비용은 만만치 않은 어마어마한 액수이다. 사실 내가 교환학생으로 한국을 떠난 해부터 아빠의 사업은 가파른 내리막길을 걷고 있었다. 이왕 시작한 것이기에 무리해서 마무리 짓도록 도와주신 사정을 잘 알고 있었다. 행여 내가 주눅이라도 들까 주변에 베풀라고 하셨고, 여행 같은 특별한 기회에 대한 지원을 아끼지 않으셨다. 하지만 넉넉하지 못한 집안사정을 잘 알기에 나는 1불도 허투루 쓰지 못했다. 그렇게 하고 싶은 것 못 하고, 사고 싶은 것 안 사며 아껴왔는데, 돈을 두 번이나 도둑맞은 일이 있었으니 그 때는 하늘이 무너진 것만 같았다.

그래서 나는 일찍부터 미국 애들처럼 아르바이트에 도전해 보고 싶었다. 방학 때는 단순히 과외로 용돈을 벌고 대학입시에 전념했다. 그러나 학기 중에도 아르바이트를 향한 나의 반짝이는 레이더망은 꺼질 줄 몰랐다. 미국은 외국 학생들이 학교 밖에서 무비자로 일하는 것이 불법이다. 이웃집 아이를 봐주고 돈을 받는 정도를 제외하고 말이다. 학교 사무직 같은 일자리는 경쟁이 심했고, 웬만해서 자리가 나지 않았다. 그래서 사람들을 대하며 활동적으로 할 수 있는 일인 서빙을 몰래 했다. 큰돈을 벌겠다는 욕심은 없었다. 공부에 방해 되지 않을 정도로 약간의 돈이라도 벌어 보고 싶었다. 내가 일한 노동의 대가로 정당하게 돈을 버는 것은 액수에 상관없이 뿌듯하고 보람되는 일이었다. 그래서 학교를 다니며 틈틈이 서빙 일을 했고, 방학에는 한국에서 다른 아르바이트를 찾아 헤맸다.

처음 도전한 아르바이트는 대형 푸드 체인점이었다. 업무를 만만하게 보았던 내 예상은 보기 좋게 빗나갔다. 단순 업무라고 생각한 일을 막상 해 보니 생각처럼 쉽지 않았다. 잦은 실수로 여러 차례 꾸지람을 들었다.

하루는 손님이 아메리카노 커피를 주문했다. 탱크에서 커피진액을 컵에 십 분의 일 정도만 담아 뜨거운 물로 희석 시키는 것이 정석이다. 그런데 일도 손에 안 익은 상태에서 포스로 주문 받고 돈을 거슬러 주랴, 도넛을 망가뜨리지 않고 담으랴, 정신이 하나도 없었다. 커피 만드는 절차를 까먹고 만 것이다. 그래서 쓰디쓴 커피 진액으로만 컵을 가득 채워서 손님에게 내주었다. 뿌듯하게 그 손님이 나가는 것을 지켜보던 그 순간! 매장 바로 앞에서 그 커피를 마시고 놀란 손님이 커피를 뿜어 버렸다. 옷에 커피를 다 쏟아버리고 만 그 손님이 들어와서

"이런 탄약 같은 커피는 난생 처음이네! 너 일 제대로 안 해!!"

하고 고래고래 소리를 질렀다. 사실 가정형편이 어려운 것도 아닌데, 엄마와 아빠는 시급 몇 푼의 아르바이트에 왜 그렇게 목숨 거냐며 석연치 않아 하셨다. 하지만 나는 얼마라도 내 손으로 벌어 봐야 한다는 주장을 굽히지 않았다.

얼마 후, 친구가 시급이 더 센 아르바이트를 찾았다. 이내 우리는 호텔로 향했다. 결혼식 피로연에서 코스 요리를 서빙 하는 일이었다. 이 일은 주말만 하면 됐는데, 시급이 7000원 정도로 다른 아르바이트보다 월등히 높았다. 복장도 단화에 올린 머리를 해야 하는 규정이 있어서 만 원짜리 단화와 오천 원짜리 머리핀을 사고 나니 약 두 시간의 일당을 미리 까먹고 들어가는 셈이었다.

우아하게 호텔에서 고급 요리를 서빙 한다는 기대를 안고 간 첫날, 지옥 아닌 지옥이 우리를 기다리고 있었다. 호텔의 접시가 얼마나 무거운 지 상상을 초월하는 것이 아닌가! 한 손으로 하나를 들기도 버거운 무게였다. 그래도 세 접시 정도는 한 번에 들고 나가야 제때에 손님들에게 음식이 나갈 수 있었다. 요령도 없고 팔 힘도 없었던 초짜들은 하나 같이 죽을 맛이었다. 서로의 얼굴을 쳐다보며 처음 본 사이인데도 불구하고 동지애 비슷한 미묘한 감정이 들었다. 그 접시도 싫고 피로연 객석의 손님도 싫고 결혼식의 주인공도 너무 싫었다. 강남의 규모가 있는 호텔 결혼식장의 주말 광경이란 아수라장을 방불케 한다. 손님이 우르르 몰렸다가 빠지고 또 눈코 뜰 새 없이 또 다른 손님들로 채워진다. 팔이 떨어져 나가도록 서빙을 해도 끝이 보이지 않았다. 다리는 부어오르고 '나는 누구인가? 여기는 어디인가? 부모님 말 안 듣더니 결국 이 모양이구나.' 하는 후회가 들었다.

그러던 와중에 결국 사고를 치고 말았다. 오후에 수프 서빙을 위

골프업체 CEO 다나 프라이 씨는 비행기 표를 보내 나와 동생을 콜로라
도로 초대했다. 그의 집 근처에서 다나와 그의 부인 그리고 내 동생 은혜.

해 통을 끌고 다니며 퍼주는 일을 맡게 되었다. 팔팔 끓는 수프를 덜덜 떨리는 손으로 서빙 하려니 객석의 손님들도 못미더운 표정으로 불안해했다. 그러다가 아차 싶은 순간, 나는 손이 미끄러져 손님 머리와 등 쪽에 뜨거운 수프를 쏟아버리고 말았다! 손님은 소리를 질렀다. 곧 말끔하게 생긴 매니저가 달려와 머리를 조아리며 사과했다. 다행히 나는 주의만 듣고 크게 혼나지 않았다. 그럴 수 있었던 것은 결혼식장에서 나 같은 일손이라도 아쉬운 형편이어서 크게 윽박지르지는 않았다. 이틀을 그렇게 시달리고 우리는 두 손 두 팔을 다들었다. 그러고 한 친구는 몸살이 나서 병원도 다녔다. 그러면서 그 친구는 아르바이트 비를 다 병원비로 날렸다고 푸념했다. 지금이야 웃으며 이야기할 수 있는 우리만의 소중한 추억이다.

나는 방학 마다 새로운 아르바이트에 도전했다. 집에 왔으니 조금 편히 쉬고 가족들과 시간을 보냈으면 했던 것이 부모님의 마음이었다. 그 마음도 충분히 이해했다. 하지만 내 결심은 확고했다. 한국 아이들은 약은 머리가 있지만 자신감이 없고 강인하지 않았다. 그 요인이 자립심과 독립심에서 온다고 믿었다. 그래서 적은 돈이라도 내 힘으로 벌기 위해 끊임 없이 도전했다.

그러다가 코엑스에서 국제 골프 박람회에 통번역 아르바이트를 지원했다. 인터뷰를 보고 나는 놀라움을 금치 못했다. 하루 10시간 정도 일하면 10만원도 넘는 일당을 준다니 너무 놀라워서 가족들에게 신나서 자랑 했다. 손님을 안내하고 미국 골프설계 업체에 대한 설명을 전하는 업무였다. 엄청난 양의 골프 관련 용어를 숙지해야 했지만 이 정도쯤이야 싶었다. 단어를 모르면 바이어 앞에서 망신당할 수 있으니 최악의 순간을 피하기 위해 열심히 공부했다.

실제로 사람 대하는 일이 적성에 맞았다. 잘 웃고 적극적으로 임하는 나를 미국 업체 CEO가 유심히 보고 있었다. 그는 박람회 나머지 날도 일해달라고 말했다. 나아가 또 다른 아르바이트를 제안해왔다. 그는 한국 바이어들과 미팅에서 CEO를 수행하는 동시통역 일을 제안 했다. 일단 그 액수가 어마어마했다. 사실 나중에 알고 보니 전문 통번역가에게 주는 비용에 비해 대학생 아르바이트에게 지불해야 하는 비용은 약 삼분의 일 정도 밖에 되지 않는다. 나는 무조건 한다고 했다. 단기간에 돈을 엄청나게 벌 수 있으며, 고위층 비즈니스 간부들과 일할 수 있는 굉장한 기회라고 생각했다.

본격적인 동시통역 첫날이었다. 사무실에서 미팅이 진행될 것으로 알고 정장에 안 신던 구두까지 한껏 멋을 냈다. 두근대는 마음도 잠시, 갑자기 일정이 바뀌어 다른 장소로 이동하라는 지시가 떨어졌다. 골프장이 들어설 현장인 산으로 향하게 된 것이다. 편한 신발이 없는데 어떻게 산을 타며 동시통역을 어떻게 할까 조마조마 했다.

일단 현장에 도착하자 나는 적극적으로 행동을 취하기 시작했다. 기사가 차에서 기다릴 테니 나는 그에게 구두를 빌려달라고 했다. 그래서 하이힐 대신 큰 남성 구두로 갈아 신고, 최대한 프로처럼 동시통역에 힘을 기울였다. 이런 나의 우스꽝스러운 모습 덕택에 다 같이 웃으며 미팅을 했고, 그 날 일정은 무사히 마무리 되었다.

골프업체의 CEO 프라이 씨는 나중에 나를 따로 저녁에 초대하기도 했다. 그렇게 우리는 진정한 친구가 되었다. 미국에 돌아간 이후에도 추수감사절에 비행기 표까지 보내와 나와 내 동생을 집으로 초대하기도 했다. 그의 친구들과 가족을 만나서 즐거운 시간을 보냈다. 여행 내내 극진한 대접을 받으며 나는 어찌할 바를 모를 지경이었다. 지금 생각해도 참으로 놀랍고도 뿌듯한 일이다. 우연히 하게 된 아르바이트를 통해서 콜로라도 행 비행기 티켓까지 거머쥐게 되었다니! 적성에 딱 맞는 일, 인복, 잠재된 능력이 동시에 작용해 불꽃이 튄다면 그것이 상상 이상의 시너지 효과를 불러일으키기도 한다. 그러한 찰나의 순간을 상상하지도 못한 놀라운 기회로 이어지기도 한다.

이렇게 수많은 아르바이트를 거치며 많은 것을 배웠다. 적극적인 행동과 긍정적인 자세는 문제를 해결하고, 맡은 일에 최선을 다하는 사람은 나이를 막론하고 인정받는다. 웃으며 일하는 재치와 유머는 막대한 시너지 효과를 발휘하기도 한다. 또한 가장 중요한 것은 누구에게나 맞는 일이 있다는 것이다. 짧지만 다양한 아르바이트를 통해 내가 가진 장점을 파악하고 이를 빛나게 하는 자리를 탐색한 것이다. 어떤 일이나 불도저와 같은 자세로 임하기는 어렵다. 맞는 일자리를 찾거나 만들어가길 바란다. 직접 발품을 팔아 몸으로 부딪치는 도전 없이 인터넷으로 공짜 정보만 찾는다면 어떤 일이 나에게 맞는지 알 수 없다. 몸으로 부딪쳐 배우는 게 가장 빠르다. 시행착오는 필수적이다.

중국행을 결심하다

끓어오르는 용광로처럼 빨갛고 무엇이든 삼켜버릴 것 같은
발전의 열기와 혼란이 뒤섞여 있는 땅 중국.

●

● **휴가철** 곳곳에 쏟아지는 중국 관광객을 '요
커'라고 부른다. 수많은 중국인이 여행, 쇼핑, 의료 등의 목적으로
한국을 방문한다. 성형 관광을 오는 중국인을 위하여 중국어 코디
네이터가 상주하는 병원이 즐비하다. 중국인들이 지나갈 때 화통
삶아 먹은 듯 시끄러운 소리에 눈살을 찌푸리는 이도 더러 있을 것
이다. 하지만 나는 중국어가 정겹고 반갑다. 들리는 단어에 귀를 쫑
긋 세우고 도와 줄 일이 없나 오지랖을 떨기도 한다. 그렇다, 나는
중국어를 좋아한다. 중국 언어와 문화를 알면 알수록 그 깊은 역사
와 경이로운 전통에 숙연한 마음이 들기도 한다. 하나 둘씩 알아가
는 재미에 남들이 듣기 싫다는 중국어를 시끄럽다고 생각해 본 적
은 단 한 번도 없다. 오히려 열정적이고 솔직한 중국인들의 성향이

그대로 묻어나는 것 같아 그 언어가 친근하고 매력적으로 느껴진다.

구사하는 언어만큼 그 사람의 행동반경이 정해진다는 말이 있다. 나에게 영어의 장벽을 넘고 나니, 또 다른 목표가 생겼다. 펄펄 끓는 대륙의 기운이 가득하고 무시무시한 경제 성장을 해 보이는 나라, 중국이었다. 우연히 대학교 때 아빠의 권유로 처음 중국어를 접하게 되었다. 이에 흥미를 느끼고 아예 복수전공으로 중국어에 몰입하여 3개월 동안 중국으로 어학연수까지 떠났다. 그래서 영어권 국가와 중국어권 국가 모두 휘젓고 다닐 수 있다는 자신감을 거머쥐게 되었다. 혼자 세상 어디에 떨어지게 되더라도 무서울 것이 없어진 것이다. 두 언어를 마스터함으로써 나의 행동반경이 전 세계로 확장된 것이다.

중국 어학연수는 무협영화처럼 화려한 에피소드와 코믹스러운 일들이 가득 했다. 중국에서 여행하기, 쇼핑할 때 가격 흥정하기, 택시기사와 국가와 경제에 대한 심도 있는 대화 나누기, 벌레가 기어가는 현지 식당에서 후구어^{중국식 샤브샤브}에 도전하기 등…… 어찌다 말로 하리. 더듬거리는 말과 바디 랭귀지로 쌓은 실력은 나에게 언어 그 이상의 자산이 되었다. 미지의 세계, 대륙의 땅에서 내가 거침없이 도전 해냈다는 성취감, 끈기와 노력으로 일구어 낸 중국어 실력, 세상 누구와도 친구가 될 수 있다는 자신감에 어떻게 가치를 매길 수 있겠는가.

중국인의 리얼한 삶의 모습을 가까이서 목격한 것은 또 다른 가르침이 되었다. 끓어오르는 용광로처럼 빨갛고 무엇이든 삼켜버릴 것 같은 발전의 열기와 혼란이 뒤섞여 있는 땅 중국. 그 가파른 성장의 현장을 두 눈으로 목격하고 그 뜨거움을 직접 느끼고 왔다. 외국인만 보면 영어 연습의 기회를 갖기 위해 달려드는 중국 학생들의 극성에 가끔 움츠러들기도 했다. 미국유학이라는 우쭐함에 젖어 있던 나에게 중국이라는 새로운 세상은 또 다른 충격을 안겨준 것이다. 우월감은 나를 또 다른 우물 안의 개구리로 만들뿐이라는 것을 확인하는 계기였다.

2007년 그 당시 중국에 대해 내가 받은 인상을 몇 마디로 정리해 말하기는 어렵다. 변화와 혼동에 휩싸여 있지만 중국 젊은이들은 자신의 뿌리에 대해 잘 알고 있었다. 중국 학생들은 역사와 정치에 관심이 있으며 애국심이 강했다. 또한 그들은 편안하고 안락함에 익숙해진 온실 안 화초가 아니었다. 그 예로 학생숙소에 냉장고나 에어컨이나 세탁기가 없었다. 그들은 불편함을 참을 줄 알았다. 한 마디로 헝그리정신을 가지고 있었다. 또한 더 큰 도약과 발전에 매섭게 굶주려 있었다. 한국의 7,80년대를 연상시키는 비루한 중국의 시골과 전혀 딴 판인 화려한 불을 뿜어내는 빛나는 도시의 현란함. 그 격차에서 오는 공허함의 그늘이 공존하고 있었다. 여러 가지 복합적인 느낌은 강렬한 인상으로 남았다, 이 모든 혼란 속에서도

내가 만난 중국인들의 눈에 비치는 무언가가 있었기에! 그들 눈에
는 '꿈' 이라는 커다란 세상이 비쳐져 있었다.

　자유 여행을 위해 미국 친구들과 중국의 남쪽인 운남 성과 사천
성으로 떠났다. 일정부터 숙소와 교통편까지 모두 우리 힘으로 해
낸 여행이었다. 지저분했던 이동수단과 불편했던 숙소, 모든 순간
이 잊지 못할 값진 추억으로 남았다. 그래서인지 나는 고생스러운
여행이 좋다. 그만큼 느끼고 배우는 것이 많기 때문이다.

　우리에게 다른 세상의 일이 그들에게 너무나도 익숙한 삶의 방
식의 하나였다. 땅이 워낙 넓기 때문에 현지인들은 사나흘이고 기
차를 타고 대륙을 횡단하는 것에 익숙하다. 기차의 중간 통로에 휴
지통이 죽 일렬로 서 있는데, 나중에 그 용도를 알고서 경악할 수밖
에 없었다. 유난히 침 뱉는 사람들이 많아 침을 자유로이 뱉도록 놓
아둔 통이었던 것이다. 기차가 달리는 내내 침 뱉는 소리는 끊이지
않았고 조준에 실패한 침이 너저분히 바닥에 들러붙어 있었다. 눈
살을 찌푸릴 수밖에 없었다. 그러다가 눈이 마주치기라도하면 세상
둘도 없는 따뜻하고 온화한 미소를 지어 주었다.

　여행은 예기치 못한 상황의 연속이었다. 한 번은 판즈화에서 청
도로 넘어가는 기차를 탈 때의 일이었다. 약 14시간의 운행시간이
소요되었다. 기차역에 도착해 산더미 같은 사람들을 비집고 무사히
표를 구해 매우 뿌듯했다. 배가 고파 우연히 들어간 식당에서 기가

막힌 토끼 요리를 먹고 모두가 흡족한 상태였다. 막상 기차에 타자, 좌석을 찾을 수 없어 우리는 당황하기 시작했다. 안내원을 찾아 도움을 청했다. 그런데 구매한 표가 입석 티켓이라는 것이 아닌가! 예측불허의 상황에서 다음 여행 스케줄에 맞추려면 시급히 결정을 내려야만 했다. 그래서 장시간을 서서 가기로 했다. 결코 쉬운 일이 아니었다. 좌충우돌 국제 집단의 고달픈 스탠딩 기차 여행이 시작된 것이었다.

그러나 삶은 언제나 예상치 못한 반전으로 감동을 안겨준다. 놀랍게도, 자기네 나라에 온 외국 손님들이 서있는 것이 안쓰러웠는지 선뜻 자리를 내주는 사람이 종종 있었다. 그 호의가 넘쳐서 한사코 거절했지만 그들은 막무가내였다. 덕분에 얼마씩은 돌아가며 엉덩이를 붙일 수 있었다. 서 있는 긴 시간 동안 친구를 사귀며 훈훈하고 따뜻한 마음에 힘든 줄도 몰랐다.

도전과 이색적인 경험으로 가득 채워진 중국 행으로 내 시야는 다시 한 번 어마어마하게 확장되었다. 꿈 너머 꿈이라는 말처럼, 미국을 정복한 나에게 중국이라는 새로운 목표가 생겼다. 이 책이 출판되면, 한국에 유학온 중국학생들에게도 따뜻한 이정표가 되었으면 하는 바람이다. 나의 버킷리스트에는 중국을 비롯한 해외 곳곳에 나의 저서 번역본 출판하기, 중국에 가서 사업하기, 마윈과 같은 세계적인 성공자를 인터뷰하기 등 야심 찬 꿈들로 가득하다. 나의 무대가 전세계라는 원대한 전제하에 말이다.

이는 모두 해외 도전이라는 꿈을 넘으며 생기기 시작했다. 하나의 산을 넘자 더 큰 산도 만만하게 보이는 것이다. 하나의 도전을 넘으면 그만큼 스스로 커진다. 앞으로 나의 꿈을 이루어 가는 행로가 쉬울 것이라고 생각하지는 않는다. 나의 'Comfort zone 안전지대'를 벗어나려는 의지, 미지의 세계로 뛰어드는 용기, 인생의 파도를 즐기는 인내 등 수많은 댓가가 따를 것이다. 그러나 위험을 감수하며 도전을 계속하면 삶의 반경이 넓어지고, 그 모험의 끝에 보다 더 빛나는 보물이 기다리고 있다. 지금 이 울타리를 넘어 더 넓디넓은 신세계로 행군하리라. 어느새 내 역량과 그릇이 무한하게 넓어짐을 확인할 수 있을 것이니!

'한번 해볼걸' 이라는 후회를
남기지 말라

그렇다면 한번쯤 당신의 삶이 얼마 남아 있지 않다고 상상해 보면 어떨까.
이 일을 해 보지 않은 것을 후회하고 있지는 않은가?

7년의 해외도전. 열여섯 살이라는 어린 나이에 떠나 무사히 돌아온 것만으로도 감사한 일이다. 우수한 성적으로 졸업한 고등학교에서 조지 대통령상을 수여 했으며 대학에서 복수전공으로 중국어까지 배웠다. 그 시간 동안 힘든 일도 이겨냈고 멋진 인연을 만들기도 했다. 후회가 있다면 욕심일까. 몇 년 전만해도 과거를 돌아보는 이런 후회가 지금보다 훨씬 컸다. 그러나 지금은 생각이 조금 달라졌다. 미련하게 버텨온 것도 나만의 방식이었구나 싶다. 또 이런 모든 미련함과 아둔함이 있어 지금의 내가 있다는 것을 안다. 그래도 몇 가지 마음에 걸리는 일들, 후회 아닌 후회에 대해 이야기 해보고자 한다. 새롭게 길을 개척해 나가려는 이들이 한번쯤 생각해 보면 어떠할까.

첫 번째는 '사랑을 위해 용기를 내봤다면.' 이다. 나는 외국 남자 친구를 한 번도 사귀어 보지 않았다. 나는 쾌활해 보이는 겉모습과 다르게 보수적이고 열등감이 많은 아이였다. 대학교에 가서야 처음으로 이성교제를 해봤다.

미국에서 처음 살게 된 플로리다는 한국과 많은것이 180도 다르다. 다양한 면에서 매우 개방적인 곳이었다. 그래서인지 지레 겁을 먹고 더 방어적이 된 것도 같다. 그 당시 한국에서 유행하던 학생패션이 폴로 티셔츠에 무릎까지 오는 펑퍼짐한 반바지였다. 나름 그렇게 최고로 멋을 냈는데, 미국 땅에 왔을 때 내 옷차림은 이상하게 눈에 띠고 엉거주춤 해 보였다. 몸에 딱 붙는 티셔츠와 청바지를 입은 또래 애들의 섹시한 모습이 괜히 불편하게 느껴지기도 했다. 액세서리며 진한 화장으로 치장한 또래 여자 애들은 나보다 대여섯 살은 많아 보였다. 그런데 반대로 나의 헐렁한 옷차림에 여기 사람들은 충격을 받은 것일까? 홈스테이 가족들이 내가 도착해서 짐을 풀자마자 이렇게 말했다.

"수, 너 이렇게 옷을 입고는 학교에 갈 수 없어! 우리 쇼핑부터 가야겠어."

그래서 월마트로 가서 딱 붙는 티셔츠와 청바지를 샀다. 거울에 비친 내가 다른 사람 같아 영 어색했다.

학교에 간 첫 날, 아이들이 노는 모습에 화들짝 놀라기도 했다. 몸매가 적나라하게 드러나게 옷을 입고 다니는 여자 아이들과 자유

분방하게 옷을 입은 남자 아이들. 남자애가 여자애를 끌어안고 엉덩이를 때리며 장난치는 것은 허다하고, 영화처럼 키스를 진하게 나누는 커플도 있었다. 나는 눈을 어디로 두어야 할지 몰라 당황하기도 했다. 어느 날, 한 흑인 남자애가 농담을 건네 왔다.

"야! 수 너 엉덩이가 크고 완전 죽인다!"

그 말에 얼굴이 빨개지고 내가 뚱뚱하단 말인지 야해 보인다는 말인지 수치스러워 쥐구멍으로 숨고 싶었다. 머릿속이 하애지고 얼굴은 화끈거렸다. 집에 가서 스테이시에게 이게 무슨 뜻이냐고 묻자 자지러지게 웃으며 칭찬이라고 말해주었다. 한국에서는 질펀한 엉덩이쯤으로 해석될 수 있는 말이 칭찬이라니! 사실 말도 없고 신비로운 존재로 비추어진 나는 인기가 많았다. 하지만 나는 미국남자애들이 성적 매력 때문에 나에게 접근한다는 편견에 사로잡혀 있었다. 그 중 정말 진심으로 나를 좋아해 주고 나 역시 좋은 감정이었던 한 아이가 있었다. 코리Cory였다. 그는 일부러 내가 들으라고 크게 말하곤 했다.

"수가 사귀자면 나는 사귈 거야."

나는 항상 못 들은 척 고개를 떨구고 있었다. 재치 있고 명석한 코리랑 사귀었더라면 외로웠던 첫 해가 순수한 사랑의 기억으로 물들 수 있었을 텐데 하는 아쉬움이 들곤 한다.

두 번째 후회는 '내게 맞지 않았던 상황을 적극적으로 바꾸어 볼

걸!' 이다. 뉴욕 고등학교의 모든 상황이 불만 투성이었음에도 불구하고 변화하려는 시도 자체를 하지 않은 것이 아직도 원통하기까지 하다. 뉴욕 고등학교 지역은 마약 딜러들이 가득하고 범죄가 잦았던 죽은 도시 였다. 동네 자체도 음산하기 짝이 없었고, 학교는 선생님들의 편애와 부정으로 부패한 냄새가 물씬 났다. 유학원이 한국에서 이메일이나 학교 홈페이지만을 통해 학교와 지역에 대해 조사하고 알아보는 것은 한계가 있다. 학생이 보내졌을 때 안전하고 적합한 곳인지 확인 작업이 미흡할 수밖에 없다. 그렇기 때문에 사전에 그 지역과 학교를 탐방하는 것을 꼭 권장한다. 마치 이사 가기 전에 집을 먼저 보고 계약하듯이 말이다. 하지만 현실에서는 여건상 유학을 갈 데를 방문하는 것이 어렵거나 엄두가 안 나는 게 보통이다. 그럴 경우, 학교 측에 양해를 구해 유학 중인 한국 학생의 이메일 주소를 요청하면 된다. 꼭 내부 사정을 잘 아는 사람으로부터 학교 안팎에 대한 허심탄회한 이야기를 들어봐야 한다.

어느 날 영화에서나 볼 법한 충격적인 일이 실제로 일어났다. 다른 홈스테이 집에 누군가 총을 들고 찾아 온것이다. 그 집의 학생이 우리 집으로 피신 온 황당한 사건도 있었다. 그 친구는 친아버지를 여의고 넉넉하지 못한 형편에 유학을 왔는데 그 사건 이후, 어렵게 얻은 기회를 썩힐 수 없다며 다른 학교를 직접 알아봐 전학갔다. 용기 있게 자신의 상황을 개선하기 위해 적극적으로 행동한 그 아이가 내 기억에 아직도 영웅처럼 남아 있다.

그와 달리 나는 두려움에 혹은 게으름에 아무 변화도 시도해 보려 하지 않았다. 여름방학에 한국에서 방학을 보내고 뉴욕으로 돌아가는 비행기 안에서 거기에 다시 가는 것이 죽을 만큼 싫었다. 이렇게 환경이 안 맞는 경우, 수동적인 자세와 비관적인 태도는 나를 구원하는데 아무런 도움이 되지 않는다. 상황 탓만 하고 있다고 원하는 대로 상황이 바뀌어지지는 않는다. 미련하게 참고 견디기보다 그 상황에 적극적으로 맞서 대응하거나 안 되면 그 상황에서 도망칠 궁리를 하라. 언어도 안 되고 도움을 청할 곳도 없는 외국에서 이는 물론 쉽지 않은 일이다. 하지만 이렇게 정면 돌파로 문제를 해결하거나 전학을 가는 것이 그리 불가능한 일도 아니다. 못할 것 같다는 두려움을 버려야만 한다. 외국 땅에 홀로 어떻게든 견디고 있는 당신은 이미 충분히 강인하다.

마지막으로 '주어진 기회를 마음껏 활용해 볼 걸.' 하는 아쉬움이 남는다. 미국 작가 마크 트웨인Mark Twain이 인생은 해 본 것들이 아닌 해 보지 못한 것들로 판가름 난다고 했다. 미국은 졸업과 함께 비자가 말소되는 외국 학생들을 위해 반 년 정도 구직활동의 기회를 주는 OPT제도가 있다. 친한 친구 하나는 이 기회를 활용해서 연구실에 취직했다. 나중에 명문대 석박사 과정에 장학금을 받고 진학했다. 그 친구는 거기서 인연을 만나 결혼했고, 꿈꾸던 미국 정착을 현실로 이루어냈다. 이렇게 성공적인 케이스는 생각보다 많다.

또한 성적이나 스펙이 그저 그렇게만 보이던 오빠 하나도 이 제도를 활용하여 구직활동을 한 결과, 몇 개월 안에 번듯한 직장을 구해 모두를 놀라게 했다.

우리는 너무나 많은 것을 '안 될 것이다.' 혹은 '어려울 것이다.'라는 생각으로 시도조차 해보지 않는다. 이렇게 포기가 쉽다면 그것이 진정 가슴 깊이 원하는 것인가 질문 해 보자. 무엇인가 욕망은 있는데 본인이 안 되는 이유부터 찾고 있다면, 진정으로 내 가슴이 이를 얼마나 뜨겁게 열망하고 있는지 돌아봐야 한다.

나는 대학교를 졸업하고 막연하게 교수라는 꿈을 꿨다. 앞서 말했던 친구와 미국대학원 진학이라는 꿈을 나누며 행복해 했었다. 그러나 나는 졸업 후 별 다른 계획 없이 귀국해 버렸다. 하지만 그 친구는 진심으로 그 꿈을 열망했고 어떠한 난관에 부딪쳐도 절대 포기하지 않았다. 그 친구의 가족들은 집안 사정이 어려웠기 때문에, 가족들이 대학원 진학을 반대했다. 남자친구 역시 한국에서 직장을 구했으므로 친구에게 수차례나 귀국할 것을 설득했다. 하지만 친구는 꿈을 위해 이기적이고도 외로운 싸움을 했다. 일을 하며 외로웠던 시간을 버텨내고, 흔들리고 싶은 순간 스스로를 다잡았다. 결국 후회를 남기지 않고 모든 것을 걸어보겠다는 마음가짐으로 장학금과 석박사 과정에 골인한 것이다.

우리가 무엇인가를 시도하기 전에 멈칫하는 이유는 비슷하다.

두려움, 따라주지 않는 환경, 가능성이 낮다는 핑계이다. 독일의 철학자 프리드리히 니체는 소심한 자신의 성격이 싫어서 책상 앞에 '위험하게 살라.'는 말을 붙여 놓았다고 한다. 나아가 "지금 이 인생을 다시 한 번 완전히 똑같이 살아도 좋다는 마음으로 살라."는 그의 말은 언제라도 내 가슴에 도전정신과 생명력을 솟구치게 한다.

　우리 인생에서 용기를 내어 도전하고, 더 나은 환경을 만들고, 주어진 행운을 잡을 수 있는 기회는 모두에게 공평하게 열려 있다. 하지만 열에 아홉은 안 된다는 생각으로 머뭇거리다가 타이밍을 놓쳐버린다. 그렇다면 한번쯤 당신의 삶이 얼마 남아 있지 않다고 상상해 보면 어떨까. 이 일을 해 보지 않은 것은 후회하고 있지는 않은가? 아예 거꾸로 생각해서 임종 전에 후회할 만큼 심각한 일이 아니라면 모조리 저질러 보는 것을 어떨까? 인생은 짧다. 후회는 더 짧게, 그렇게 멋지게 한번 살아보면 어떠할지! 달콤하고 짜릿한 상상의 나래에 빠져본다.

상대에게 친근하게
먼저 다가가는 살가움, 실수를 두려워하지 않는
용기야말로 사람을 사귀는 데
최고의 미덕이다.

Chapter 03

03

외국에서 현지인처럼
살아남기

외국인과 친구 되는 법

더듬거리는 말과 서툰 바디랭귀지가 오가는 와중에도
진심은 꼭 통한다.

● 물질로는 행복이나 친구를 살 수도 없다.
스스로의 행복이나 타인의 마음을 얻는 데 금은보화도 소용이 없다
면, 이에 필요한 것은 무엇일까?

"출국 전에 꼭 작은 선물을 챙겨가세요. 호스트 패밀리 집에 가
도 선물을 항 상 먼저 주세요."

유학원에서 외국인 친구 사귀기에 대한 팁을 준 것이다. 항상 출
국을 앞두고 우리 가족은 남대문으로 기념품과 자개 장식품을 사러
갔다. 앞으로 만날 호스트 가족과 외국 친구들을 위한 것들이었다.

14살 때 호주로 간 어학연수 프로그램에서 나는 들은 대로 외국
친구를 만나자 마자 아기자기한 선물을 꺼냈다. 말이 안 통하니 무

조건 선물을 들이밀면서 친해지고 싶다는 의사를 표한 것이다. 한 현지 아이는 내 티셔츠 선물이 마음에 들었는지 이내 엄마를 데려 왔다. 내 앞에서 엄마 귀에 대고 뭐라고 속닥이더니, 나에게 셔츠를 더 달라고 요구했다. 별 생각 없이 몇 장이고 꺼내 주긴 했지만 내 어린 마음에도 그 속이 빤히 보였다. 선물만 잔뜩 챙겨간 그 아이랑 다시 말을 나눌 기회는 없었다. 유학원의 조언, '친구를 사귀려면 누구에게나 선물부터 주세요.' 는 통하지 않는다. 물론 아이스 브레 이킹 ice breaking: 처음 만났을 때 어색함을 깨려는 시도을 위해 나쁘지 않은 방법 이긴 하다. 하지만 진정한 친구를 사귀는 데에 그 이상의 무언가가 필요하다.

친구를 사귀는데 가장 필수적인 요소가 시간이다. 설명을 더할 필요도 없는 당연한 말이 아니겠는가. 같이 시간을 보내며 추억을 만들어 가는 것, 그것 말고 우정을 쌓는데 달리 방도가 없다. 히말 라야 오지의 희망 이야기를 다룬 그레그 모텐슨Greg mortenson과 데이 비드 올리버 렌린Davib Oliver Relin이 쓴 책《세 잔의 차》일부분이다.

"발리스탄에서 성공하고 싶다면 우리 방식을 존중해 주어야 하 네. 발티 사람과 처음으로 차를 마실 때, 당신은 이방인일세. 두 번 째로 차를 마실 때는 영예로운 손님이고, 세 번째로 차를 마시면 가 족이 되지. 가족을 위해서라면 우리는 무슨 일이든 할 수 있네. 죽음도 마다하지 않아. 세 잔의 차를 함께 마시려면 시간이 필요하지."

물론 말이 안 통할 때는 이 시간이 무척이나 고역스럽다. 무슨 말을 해야 할지 무엇을 해야 할지 난감하기 그지없다. 하지만 이 민망한 시간을 견뎌내 본다면 또 그렇게 생각만큼 나쁘지도 않다. 처음에는 나도 외국 친구와 같이 활동 위주로 시간을 보냈다. 친구와 스케이트를 타러 간다든지, 같이 운동을 한다든지, 함께 쇼핑을 하는 것도 좋다. 쇼핑을 좋아하지 않거나 운동을 하지 않아도, 경기를 같이 보며 시간을 보낼 수도 있다. 꼭 말이 통하지 않아도 함께 할 수 있는 것은 천지이다. 같이 어울리다 보면, 할 말도 생기고 웃을 거리도 생긴다. 에피소드와 추억을 공유하게 될 때 비로소 진정한 친구가 된다. 이는 국경을 넘어서 누구에게나 해당되는 것이다.

또 다른 팁을 공유하자면, 항상 밝게 웃고 긍정적인 태도와 진심 어린 마음을 유지하라는 것이다. 말이 안 돼 먼저 누군가에게 다가갈 엄두가 나지 않는다면 상대가 다가올 수 있도록 문을 열어 놔야 한다. 그것이 바로 미소이다. 스무 살 때 혼자 떠난 유럽 여행에서도 호스텔에서 만난 호주 아이와 함께 여행을 했다. 상대도 낯선 동양인에게 먼저 다가올 때는 용기가 필요하다. 그 친구는 내가 웃는 모습이 친근해 보여 말을 건넸다고 한다. 천성적으로 활발한 성격이 아닌 사람이라도 따뜻한 미소로 자신이 호의적이라는 것은 어필할 필요가 있다. 적어도 누군가와 어울리고 싶다면 말이다.

동네 아이들과 놀고 밥을 먹는 중이다. 나이 어린 친구들과 어울리는 것도 상관 없었다.

우리 반 아이들과 함께. 내가 먼저 살갑게 다가갔으면 좋았을 것을. 지금 생각하면 내가 친구 만들기에 서툴렀던 만큼 이 아이들도 서툴렀던 것이다.

사교적이기 위해 이보다 더 중요한 게 있을까. 바로 누구에게나 진심을 다 할 것! 외국인 친구를 사귈 때 그냥 편안한 마음이면 된다. 누군가 나에게 다가오면 '왜일까?' 라는 분석을 접어버리면 된다. 나는 그 분석에 사로 잡혀 오랜 시간 동안 친구를 사귀는 데 애를 먹었다. 상대는 단순히 친구가 되고 싶은 순수한 마음일 뿐이다. 한국이나 동양에 호기심을 느낄 수도 있고 그냥 당신에 대해서 더 알고 싶은 마음이다.

정의 민족의 나라, 대한민국의 젊은이들 사이에서 오히려 '기브 앤 테이크'의 계산적인 관계가 더 익숙하다. '썸' 혹은 '밀당' 이라는 유행어에서도 그러한 경향을 살펴볼 수 있다. 그 말 속에 상대방의 의중을 파악해 가며 더도 말고 덜도 말고 딱 필요한 만큼만 서로에게 다가가려는 계산이 깔려 있다. 사람을 사귀는 데 있어서 상처를 받는 것이 두려워 딱 필요한 정도의 진심만 보여 준다는 것이 가능한 것일까? 관계에 있어서 진짜 손해를 보는 쪽은 오히려 계산하고 재는 쪽이 아닐까?

친구를 사귈 때도 우리는 상대방에 대한 간을 보고 맞는 사람인지를 결정한다. 나 역시 이런 여우같은 계산에 익숙해져 있다. 그렇지만 세상 사람들이 다 복잡하고 얕은 꾀로 사는 것은 아니다. 외국에 나가보면 말과 문화가 다르기 때문에서인지 사람 사이 소통에 진심이 전부일 때가 많다. 더듬거리는 말과 서툰 바디랭귀지가 오가는 와중에도 진심은 꼭 통한다. 외국 사람들의 환대나 친절을 복잡하게 생각할 필요가 없다. 순수한 마음을 그대로 받아들이는 태도가 중요하다.

　마지막으로 방어적인 마인드를 버리고 뻔뻔함을 가져라. 나도 모르게 움츠러들고 소심해지는 자세가 벽을 만든다. 예의에 어긋나면 큰일인 줄 아는 우리의 문화에서 뻔뻔함은 무조건 나쁜 의미로만 받아들여진다. 뻔뻔함이 외국인 친구를 사귀는 데 필요한 조건이라니! 하지만 외국에서 인기 있는 친구들을 보니, 모두 하나같이 뻔뻔함으로 매력을 발산했다는 공통점이 있었다. 영어를 잘 하려면 뻔뻔해야 한다는 말처럼 친구를 사귀는 데도 뻔뻔함이 필요하다. 안 되는 말로 먼저 가서 인사하고, 먼저 놀자고 청해보는 적극적인 자세가 중요하다.

　《러브 인 아시아》라는 TV 프로그램은 다문화 가정의 고부간 갈등을 다룬 다큐멘터리이다. 여기서 봐도 뻔뻔한 외국인 며느리는 항상 시어머니의 사랑을 받는다. 사고뭉치여도, 말이 안 통해도 상관없다. 상대에게 친근하게 먼저 다가가는 살가움, 실수를 두려워하지 않는 용기야말로 사람을 사귀는 데 최고의 미덕이다. 외국에 살며, 완벽을 추구하는 성격이나 지나치게 센 자존심이 있는 사람이라면, 그것을 잠시 여행 가방에 꾹꾹 담아 두면 어떨까? 외국에서 그와 정반대의 뻔뻔함이 오히려 적응에 큰 도움이 될 것이다.

　한 친구가 미국에 와서 겪은 일이다. 친한 흑인 친구들끼리 서로를 '니그로 Negro: 깜둥이 새끼, 흑인 비하 발언' 라고 부르며 장난치는 것을 봤다. 친구는 그것이 그 아이의 이름인 줄 착각한 것이다. 그래서 다음 날, 사교적으로 다가가 볼 마음으로 그 아이에게 큰 소리로 밝게 인사를 건넸다.

"Hi, negro! 안녕, 깜둥이 새끼!"

이 말에 주변 모두가 폭소를 터뜨렸다. 그는 그 일을 계기로 많은 아이들과 오히려 좋은 친구가 되었다. 먼저 다가가려는 적극적인 태도는 간혹 뻔뻔해 보여도 정겹게 보일 수밖에 없는 법이다.

의외로 외국인 친구를 사귀는 것은 매우 쉽다. 마음을 가볍게 먹고 움츠린 어깨를 펴고 웃으며 '안녕!' 하고 인사를 건네는 것이다. 항상 기억하라, 언어적인 소통의 문제는 친구를 만드는 데 별 문제가 되지 않는다는 것을! 소통에서 언어가 차지하는 부분은 20%에 불과하다. 우정을 만드는 데 필요한 묘약은 열린 마음과 밝은 미소 그리고 시간이면 충분할 것이다.

존중해야 존중 받는다

말이 서툴러도 타인의 의견을 진심으로 들어주는 사람은
그룹 전체에 꼭 필요한 존재가 된다.

●

● 사람은 상대적인 동물이다. 자기 말만 하는
친구의 말에 자연스럽게 거부감이 생긴다. 그러나 내 말에 귀 기울
여 들어 주던 친구가 어떤 의견을 내놓으면, 이상하게 그 말이 크게
와 닿는다. 이렇듯 존중이란 쌍방으로 이루어지는 것이다. 사람간
의 존중은 때로는 말로 전달되는 것이 아니라 사소한 행동과 눈빛
으로 더 많이 전달되기도 한다. 존중은 실제 해외 생활을 하며 대인
관계에서 가장 중요한 부분이다. 언어적인 소통이 원활하지 않아도
상대방에게 존중을 표할 수 있는 세 가지 방법에 대하여 이야기 하
고자 한다.

1. Listen ^{경청}

어떤 분야라도 탑 세일즈맨은 입이 아닌 귀를 열고 있는 사람이다. 누군가가 자신의 이야기를 진심으로 들어주면, 상대에게 마음이 열리고 호감이 간다. 내 이야기를 들어준 것이 고마워서 그 사람에게 호의를 베풀고 도와주고 싶은 마음이 들기도 한다.

이러한 경청의 법칙이 외국에서도 똑같이 적용된다. 수업에서 말 한 마디를 벙긋 하지 않고 자신을 알릴 수 있는 절호의 기회가 있다. 아주 쉽게 교수님과 반 친구들에게 자신의 존재감을 발휘할 수 있는 기회이다. 무조건 수업 시간에 앞자리를 석권하라. 그래서 교수님 혹은 발표자와 최대한 눈을 맞춘다. 그러면서 고개를 끄덕이며 크게 호응하면 된다. 수업 시간에 이런 식으로 존재감을 발휘하는 것은 두고두고 도움이 된다.

학생 수가 어마어마한 대규모의 주립대에 다니면서 스스로 나서서 도움과 조언을 구하지 않으면 안 된다는 것을 배웠다. 수업이나 과제 관련해서 궁금증이 생기면 교수님과 TA^{Teaching Assistant : 조교}의 오피스아워^{Office Hour}에 불이 나게 찾아갔다. 만약 내가 수업 시간에 눈에 띄지 않는 소극적인 학생이었다면 도와주는 사람의 입장에서도 형식적인 조언만 줄 수 밖에 없었을 것이다. 하지만 항상 맨 앞자리에서 열정적으로 아이 컨택트^{Eye Contanct : 눈을 맞추는 행위}를 하는 학생을 위해서 교수님이나 TA가 하나라도 더 가르쳐주려고 한다.

이렇게 오피스아워Office Hour에 가서 시험에 관련된 팁을 얻거나 과제 방향에 대한 아이디어를 얻어온 적이 한 두 번이 아니었다.

간혹 수업에서 맨 앞자리를 사수하기 위해 나는 집착(?)을 했다. 몸이 아프거나 밤을 새운 날도 수업을 빼먹는 것은 개운하지 않았다. 남의 노트를 받아서 정리하더라도 그 내용은 완벽하게 내 것이 될 수 없다. 수업시간에 보태진 교수님의 부연설명이나 재미있는 일화를 놓치면 딱딱한 껍데기 필기내용만 남는다. 그래서 아침 7시 45분 수업은 세수도 안 한 채 맨 앞자리에 앉아서 들었다. 그러다 가끔은 맨 앞자리에서 조는 불상사도 있었다. 그러한 민폐까지도 서슴지 않을 만큼 철저한 철칙처럼 베인 습관이었다.

또 토론과 발표 수업에서 이 경청의 힘은 예상치 못한 훈훈한 결과를 가져오기도 했다. 경청의 힘에 대해 배우게 된 계기가 있었다. 학년이 올라갈수록 프레젠테이션 수업은 피해갈 수 없는 관문 중에 하나이다. 삼십 분 분량의 중간발표를 하고 학기 말에 한 시간 정도 연구결론발표를 하는 세미나 수업이었다. 나는 앞에 나가 사시나무 떨 듯이 발표를 시작했다. 그런데 유독 한 대학원생 친구가 나를 보며 고개를 끄덕이고 호응해 주는 것이 아닌가. 그 친구를 보고 후들거리는 다리를 다잡을 수 있었다. 세 시간 같던 삼십분이 지나가고 나는 그 친구에게 고마운 마음이 들었다. 그 뒤로 그가 달라 보이기 시작했다. 그가 발표할 때면 나도 모르게 몸을 바로 세우고 귀를 쫑

미술관이나 박물관을 발이 닿도록 찾아다니며 '예술속에서 걷는다'는 환상에 빠지기를 좋아했다.

굿하고 경청을 했다.

영어를 잘 하는 현지인도 남들 앞에서 발표하는 것을 크게 부담이 된다. 내 차례가 끝나자 다른 친구들 역시 기어들어가는 목소리로 간신히 발표하곤 했다. 나는 배운 대로 고개를 끄덕이며 내가 경청하고 있음을 그들에게 어필했다. 그것이 얼마나 힘이 되는지 누구보다 잘 알기에! 그러면 발표자들은 유독 나만 바라보며 발표를 한다. 자연스럽게 경청해 주는 쪽을 바라보고 말하는 것이 사람 심리가 아닌가!

중간발표 이후 학기 말에 두 번째 프레젠테이션이 돌아왔다. 그런데 이번에는 이전과 확연히 다른 큰 변화가 생겼다. 자신들의 발표를 잘 들어준 나의 말에 반 전체가 온 힘을 다해 귀를 기울여 주고 있는 것이 아닌가! 그 무언의 응원에서 나는 큰 자신감을 얻을 수 있었다. 발표가 끝으로 치닫자 가자 내 논리에 점점 힘이 실리는 것을 느낄 수 있었다. 그런 분위기는 발표뿐만 아니라 교수님의 심사까지 좌우한다. 청중의 분위기는 논리의 설득력에 대한 증명이기 때문이다.

먼저 베푼 경청이라는 미덕은 배가 되어 나에게 돌아왔다. 경청과 호응으로 수업에서 존재감을 발휘하는 것은 어려운 일이 아니다. 말이 서툴러도 타인의 의견을 진심으로 들어주는 사람은 그룹 전체에 꼭 필요한 존재가 된다.

2. Respect 존중

먼저 상대방의 문화를 존중하고 다가가려는 태도를 보인다면, 그 나라 사람들은 당신의 천군만마로 돌변할 것이다. 칭찬이 고래를 춤추게 한다는 말처럼 자기 문화가 인정받는 것은 매우 기쁜 일이다. 이제 상대방은 당신에게 오히려 더 큰 호의를 베풀려고 할 것이다.

중국을 혼자 여행할 때 호신용으로 내가 들고 다녔던 것은 호루라기나 전기 충격기가 아니었다. 내 손에 항상 마윈 책이 들려 있었다. 덕분에 나는 안전하게 여행 다닐 수 있었다. 그 책을 보고 수많은 중국인들이 내게 다가 와서 말을 걸며 친구가 되기를 자처했다. 그들은 중국 문화를 존중하고 높이 사는 나를 더욱 극진히 대접해 주었다. 덕분에 나는 엄청난 환대와 친절 속에서 무사히 홀로 여행을 마칠 수 있었다.

대학교 1학년 때의 일이었다. 대학교 학장님Dean에게 스케줄 조정에 대하여 부탁 하러 간 적이 있다. 이 당시 이미 학기 중이라 늦은 시점이었는데도 성적관리를 위해 한 과목 수강포기를 해야 하는 상황이었다. 학장님의 승인이 긴급하게 필요했다.

상담 중간에 학장님은 무슨 일이었는지 나를 잠시 기다리라고 했다. 그 말 그대로 나는 밖에서 기다렸다. 한 시간, 두 시간 기다림은 계속되었다. 나는 무언가 잘못되었다는 것을 느꼈지만 나서서 물어보기가 망설여졌다. 몇 달 전 유럽을 다녀오며 서류 한 장 때문에 미국에서 추방당할 뻔한 사건이 있었다. 공손함의 중요성을 깨우친 계기였기에 나는 인내심을 갖고 기다렸다. 마침내 건물이 닫을 시간이 되었고 청소부가 왜 혼자만 여기 있냐고 물었다. 미련하게도 약 세, 네 시간을 앉아서 학장님을 기다린 것이다.

이 사건을 전해들은 학장님은 친히 사과메일을 쓰고 전화를 주셨다. 그 날 그는 일진이 안 좋아 정신이 없었는데, 집안에 긴급상황이 생겨 미쳐 나를 챙기지 못하고 떠난 것이다. 그 학장님은 내가 몇 시간을 기다린 일을 전해 듣고 미안해 어쩔 줄 모르셨다. 주말에 나의 기숙사로 와서 아침을 대접하고 싶다고 우기셨다. 나의 공손함에 대한 미안함을 이렇게라도 표현하고 싶었던 것이다. 그래서 우리는 멋진 브런치를 먹으러 갔다. 그 분은 스케줄도 내가 원하는 대로 조정하도록 도와주셨으며 무슨 일이 있으면 항상 찾아오라고 말해주셨다. 나의 극심한 존중 때문에 그는 나에게 마음의 빚을 진 것이다. 높은 위치에 있는 사람일수록 상대방의 공손함과 존중의 가치를 더욱 소중히 여기고, 그에 걸맞게 당신을 대우하려고 한다.

3. Privacy 사적인 영역에 대한 존중

마지막 존중에 대한 팁은 개인의 영역에 관한 것이다. 어떤 문화에서는 개인의 영역에 대한 프라이버시를 굉장히 소중하게 여긴다. 홈스테이나 외국인 룸메이트와 생활할 때, 그들의 소유물이나 영역을 지켜주는 것은 절대 넘어서는 안 되는 선과도 같다. 한국은 이러한 개념이 비교적 약한 편이다. 그래서 가족끼리 내 것 네 것의 구분도 크지 않다. 가족끼리 노크 없이도 방문을 열어젖히는 일이 다반사이다. 하지만 미국에서 이는 상상도 하지 못할 일이다. 또 길을 가다 부딪쳐도 'Excuse me.^{실례합니다.}' 라고 사과를 한다. 상대방에 대한 시간, 공간, 소유물에 대한 프라이버시를 끔찍하게 배려하는 문화가 배어 있기 때문이다. 이게 사람과 사람 사이 가장 기본적인 매너라고 할 수 있지 않을까 싶다.

어느 하루는 냉장고에 도넛 상자가 있기에, 아무 생각 없이 하나를 골라 들었다. 밖에는 초콜릿이 있고 안에는 부드러운 크림이 들은 도넛이었다. 그런데, 그 날 저녁 홈스테이 아저씨가 시무룩한 얼굴로 돌아다니며 물었다.

"Who ate my donut? Who ate my donut? ^{누가 내 도넛 먹었어? 누가 먹은 거냐고?}"

힘들게 일하고 와서 그 도넛으로 작은 위안이나마 받아보려 했는데, 내가 그 작은 행복을 홀랑 가로챈 것이다. 가족은 아저씨를 위해 그것을 건드리지 않았던 것 같다. 내가 모르고 그런 것을 알고 더 이상 말씀이 없었지만 나는 도리어 미안한 마음이 들었다. 이렇게 사소한 것이라도 꼭 지켜야 할 매너이다.

한국 사람들은 인사를 건넬 때 항상 관심의 표시로 외모에 관한 멘트를 날린다. 칭찬을 건넬 때야 아무런 문제가 없다.

"우와, 너 살 빠졌구나!"
"머리 자른 거야? 좋아 보이네!"
"오늘 왜 이렇게 피곤해 보여?"
"좀 살이 쪘네. 운동 좀 해야겠다, 너."

우리가 평소 누구에게나 자주 하거나 듣는 흔한 말이다. 하지만 관심의 표시였는데 상대의 기분을 상하게 하는 경우도 있기에 신경 써야 한다. 때로는 적정선을 넘고는 한다.

외국 친구들은 때때로 이러한 외모에 대한 언급에 불쾌해 했다. 한 외국친구가 탈모 증상을 보였다. 나는 농담 반, 위로 반으로 이렇게 했다.

"여기 빌딩 옆에 탈모 클리닉 있더라. 너 생각이 나서 이야기 해주려고 했어."
"수, 너는 왜 항상 외모에 대해서 이런 저런 평가를 하는 거지? 이건 내 지극히 사적인 부분이야. 내 사생활까지 건들이지 말아줘!"

나의 말을 따뜻한 관심으로 받아들일 줄 알았던 그 친구는 얼굴이 벌게졌다. 나는 그 때 아차 싶었다. 종종 미국 친구들이 이런 말을 한 적이 있다, 내가 항상 외모에 대한 이야기로 인사를 시작한다고. 한국에서 허용되는 부분이 외국에서는 프라이버시에 대한 침해로 인식될 수도 있다. 미국에서 한참이나 깨닫지 못한 부분이었다. 그 뒤로 유심히 관찰해 보니, 외국 사람들은 칭찬 이외에 외모에 대한 어떤 부정적인 언급도 하지 않았다. 상대방의 프라이버시를 위해 참견 같은 언급을 자제해야 한다는 것을 깨달은 순간이었다.

사람은 누구나 똑같다. 내가 받기 싫은 대접이면 상대도 마찬가지이다. 어쩌면 외국에서 살면서 남의 이야기를 끊지 않고 잘 들어주는 것은 비교적 쉽지 않을까? 언어가 안 되는 핸디캡을 장점으로 승화시켜 보면 어떨까 싶어 미소가 떠오른다. 인생은 메아리와 같다. 자기가 한 행동 그대로 되돌려 받게 된다. 씨를 뿌린 대로 콩이든 팥이든 수확하는 것처럼, 베푸는 것 그대로 돌려받게 된다. 모두가 개개인의 말, 문화, 프라이버시가 존중받기를 바란다. 마찬가지로 그렇게 존중 받으려면 먼저 상대를 존중해야 하는 것이다.

"노 섹스!"를 외치는 성교육 시간

한 번에 모두 쏟아 버리기 보다는 조금씩 아껴가며
사랑을 쏟아 붓는 것이다.

●

● 요즘은 한국 젊은 층의 성 문화가 예전과 확연히 달라졌다. 솔직히 나는 귀국 후 달라진 성 문화에 놀랄 때가 간혹 있다. 흔한 유행가나 아이돌의 퍼포먼스는 성을 노골적으로 팔아야 대중의 주목을 끈다. 〈마녀사냥〉과 같은 TV 프로그램만 봐도 성에 관련된 경험을 공유하는 것이 보다 자연스러워졌다. 지금으로부터 13년 전 2000년도 초반만 해도 이런 분위기는 눈을 씻고 찾아보려 해도 없었다.

나는 성에 대해 별다른 관념 없이 미국에 갔다. 미국에서 받은 문화 충격 중 특히나 성문화 충격은 매우 강렬했다. 길 한복판에서 진한 스킨십이 자연스러운 연인들, 임신으로 미혼모가 된 십 대, 성이 농담거리인 문화 등. 가끔은 낯 뜨거운 정도를 넘어 얼굴과 가슴에 불바다가 휘몰아치는 것 마냥 난감한 순간도 있었다. 다른 친구의 이야기를 들어보니, 그 학교는 자판기에서 콘돔을 판매한다고 했다! 또 어떤 고등학교는 교내에 임신한 미혼모를 위한 아기방을 운영한다. 또 나 역시 수업 시간에 바나나에 콘돔을 끼우는 실습이 있는 성교육을 직접 듣기도 했다! 앞에 나와서 한번 해보라는 제안을 끝내 부끄러워 받아들일 수 없었다.

따뜻한 날씨만큼이나 사람들의 정열도 뜨거웠던 플로리다. 성적인 농담이나 발언이 비교적 자유로운 문화도 엿볼 수 있었다. 젊은 여성이 길을 걸어가면 차 경적을 울리며 섹시하다는 칭찬을 외치는 것을 예의쯤으로(?) 알기도 한다. 앞서 이야기했듯이 플로리다는 '엉덩이 완전 크네~!' 가 칭찬이라니! 길을 걷다가 직접 그 말을 들었을 때는 엄청 쇼킹했다.

뉴욕의 홈스테이 시스터인 케이른Catlin은 엄청난 미모의 치어리더였다. 15살 밖에 안 되는 쾌활해 보이는 그 소녀는 드러내지는 않았지만 어딘지 모르게 상처를 숨기고 있었다. 항상 케이른은 야한 농담으로 자신의 격을 낮추어 이목을 끌려고 했다. 그러한 그녀의 행동에 홈스테이 부모님은 항상 걱정이 많았다. 나도 그녀의 문란한 사생활에 대해 알고 나서, 자존감 문제가 있다는 것을 짐작할 수 있었다.

그녀는 교정기를 껴서 호두깍기인형처럼 생긴 왜소한 남자 친구의 마음을 얻기 위해 때와 장소를 가리지 않고 열정적인 섹스를 했다. 한 번은 남자친구 집 지하실 에어 베드 위에서 관계를 갖다 걸려서 그 아이 엄마에게 잡혀 왔다. 그 남자친구 엄마의 강경한 입장은 그 집 순진한 아들을 케이른이 꼬셔서 이 사단이 났다는 것이었다. 나보다 어린 이 친구의 적나라한 성생활을 통해 듣기만 했던 일부 미국 십 대들의 성문화를 확인할 수 있었다.

그 집 분위기는 어떤 이야기라도 자녀들과 웃으며 공유할 수 있을 정도로 자유로웠다. 홈스테이 아줌마 캐스린Katherine은 몇 년 전 할로윈 때 남성 성기 형상의 코스프레를 했다고 했다. 그런 쿨한 아줌마도 딸의 문란한 성 생활 문제를 풀어나가는 데 어려움이 있는 듯 했다.

고등학교의 과목 중 헬스 시간에서 실질적인 성교육이 이루어 졌다. 성병이나 콘돔 사용법에 대해서도 상세히 교육받았다. 콘돔이 찢어졌을 때, 임신이 의심 되었을 때 대처법 등 아주 실용적인 내용을 교육받는다. 헬스 선생님은 입담이 좋은 젊은 미혼 남자였다. 그는 에너지가 넘치고 유머러스해서 항상 수업에 웃음이 끊이지 않았다.

"NO SEX!!! Sex is trouble! 섹스 하지 마! 섹스 하면 말썽이 꼭 따라온다!"

그 선생님은 항상 이렇게 외치고는 했다. 아직도 그 쩌렁쩌렁한 목소리가 귓가에 맴도는 듯하다. 그의 절규를 나는 이렇게 바꾸고 싶다.

"No Condom? No Sex! 노 콘돔? 노 섹스!"

콘돔은 언제나 필수적이다. 실제로 이 말 그대로 주변인에게 자주 한다. 섹스는 개개인의 자유이지만 스스로를 지키는 것은 필수 사항이기에!

그런데 헬스 수업 선생님에 대하여 해괴망측한 소문이 돌았다. 그가 학생들과 잠자리를 한다는 소문이었다. 뉴욕 시골의 이상한 마을과 작고 이상한 학교……. 이렇게 쇼킹한 루머나 부정부패에 대한 소문이 난무했지만 모두들 함구하는 분위기였다. 그 선생님이 학생 누구와 어떻게 관계를 가졌다는 소문이 파다했다. 사실 여부를 떠나 나는 그를 볼 때마다 역겹고 불쾌한 느낌을 감출 수 없었다.

또한 그 가톨릭 사립학교 아이들은 어렸을 때부터 함께 자라온 사이였다. 우물 안의 개구리였던 그 아이들의 복잡하게 얽혀있는 연애사와 성관계는 학교 전체의 가십거리였다. 십대들은 친구들 사이에서 인정받기 위해서 혹은 자랑하기 위해서 섹스를 하기도 한다. 나중에 소문이 퍼져 눈물 콧물 다 빼며 후회하는 경우도 많았고, 반대로 그 소문을 업고 으스대는 경우도 허다했다.

성에 대한 개념이 정립되지 않은 나에게 모든 것이 폭풍이 휩쓸고 간 것처럼 충격으로 다가왔다. 나는 아예 방문을 걸어 잠근 겁쟁이가 되기로 했다. 그러나 이는 현명한 태도가 아니다. 나는 두려움을 내려놓지 못해 오랜 시간 동안 스스로를 고립시켰다. 이후에 주변에 미국 남자친구를 사귄 아이들 이야기를 들어보니 내가 틀렸다는 것이 분명했다. 한 쪽이 성관계를 원치 않는다면 그를 온전히 존중해 주는 것도 사랑이리라. 한 친구는 혼전순결을 주장했다. 그 아이는 한국인 남자친구 외국인 남자친구를 모두 사귀어 본 경험이 있었다. 그녀의 경험에 의하면 오히려 한국 남자는 관계를 갖자고 졸랐지만, 미국 남자는 끝까지 그녀의 의사를 존중했다는 것이다. 사람마다 다른 것이지 '외국사람은 이럴 것이다.'는 선입견은 일반화의 오류이다.

젊은이라면 누구나 성이라는 새로운 세계에 발을 디디게 된다. 외국의 문화충격 속에 놓인 미숙한 청춘들. 이러한 혼란 속에서 성에 대하여 어떠한 태도를 취해야 하는지는 굉장히 조심스러운 부분이 아닐 수 없다. 주변에서 준비가 안 된 상태에서 이성친구와 잠자리를 한 경우가 더러 있었다. 그렇게 첫 단추를 채우고 섹스에 대해 잘못된 인식을 갖거나 원치 않은 임신까지 한 경우도 있었다.

관계에서 진도에 대한 컨트롤을 쥐고 싶다면 먼저 본인 스스로 마음의 준비가 되었는지 여부를 명확히 파악하고, 본인 의사를 상대에게 정확하게 전달해야 한다. 이렇게만 한다면 크게 문제될 것은 없다. 본인이 어떤 입장을 취할지, 어떻게 분명히 의사표시를 할지 모를 때, 상대방에게 질질 끌려가게 된다.

나는 사랑 또한 젊음이 꼭 경험해 보아야할 신세계라고 생각한다. 스스로에 대해 성찰하게 되고 상대를 배려하는 법을 배우게 되기 때문에 관계 안팎에서 성장한 스스로의 모습을 발견하게 될 것이다. 그러나 세상에 단 하나뿐인 사랑이어도 내가 원치 않는 무언가를 강요할 수는 없다. 스킨십, 관계 모두 내가 준비가 된 때에 맞추어 나의 속도로 끌고 나가야만 하는 것이다.

남자친구를 너무 사랑하지만 진도에 대해 생각이 정립되지 않은 한 아이가 있었다. 그러면서 그녀는 겉으로 절대 관계를 갖지 않겠다며 내숭을 떨었다. 그녀는 남자친구와 관계후 황당한 변명을 늘어놓았다.

"나는 절실한 종교인인데, 기도를 올렸더니 하느님이 남자친구와 자라고 했어."

그녀 스스로 성에 관하여 생각이 정리되지 못했기에 상대방의 의지에 끌려간 것이다. 자기 생각이 모호하면 태도가 불분명할 수밖에 없다. 이런 상태라면 무엇이든 컨트롤을 잃는 것이 당연지사이다.

어떤 굉장한 사랑에 빠지더라도 중심을 잡도록 노력해야 한다. 용기를 내어 사랑하면서도 자신을 보호하는 것은 매우 중요한 것임을 기억하기 바란다. 두려움과 편견에 휩싸일 필요는 없지만 스스로가 준비가 되었다고 확신이 들 때 사랑을 시작하고 성에 대한 탐험을 시작하는 것이 중요하다. 이를 존중하지 않는 짝은 당신에게 맞지 않는 짝이다. 사랑을 위해 스스로의 모두를 내어주는 것 보다 자신을 위해 조금은 아껴 두는 것이다. 한 번에 모두 쏟아 버리기 보다는 조금씩 아껴가며 사랑을 쏟아 붓는 것이다.

편견을 벗고 진심을 보라

상대가 나를 편견을 가지고 바라본다는 생각이 가장 무서운 편견이다.
그것을 내려놓으니 수많은 호의와 진심 어린 친절이 나를 향해 달려들었다.

● 인간을 아둔하고 나약하게 만드는 것 중 하
나가 편견이다. 세상, 상대방, 혹은 스스로에 대한 오해의 싹이 터
서 모든 일이 꼬여 버린다. 집필 작업을 하며 찬찬히 과거를 돌아보
게 되었다. '왜 나는 친구를 사귀는 게 그렇게 어려웠을까?' 라는 안
타까운 질문에 그 답을 의외로 외부가 아닌 내부에서 찾을 수 있었
다. 바로 내가 만든 벽, 편견이 답이었다. 내 안에 은연 중 깔려있었
던 '상대가 나에게 진심으로 다가 오는 게 아닐 것이다.' 는 생각이
나를 다가가기 어려운 사람으로 만들었다. 어느새 굳어져버린 그
생각이 결국 나도 모르는 사이에 높고 높은 장벽으로 자라나고 말
았다.

어리석게도, 누군가 나를 진심으로 좋아한다고 다가와도 나는

그 마음을 순수하게 받아들이는 법이 없었다. 내가 동양인이라 호기심에 그러는 것이라고 여겼다. 어떻게 생각하면 누군가의 웃는 모습이 좋아서, 누군가의 머리 결에 반해서, 좋은 감정이 싹틀 수도 있는데, 내가 한국 사람이어서 관심을 갖는것이 뭐가 문제인가? 지금 생각하면 어이가 없다. 그때는 어린 마음에 내가 동양인이라서 다가오는 사람들이 참 싫었다. 동양인이라면 무조건 성적인 매력을 느끼는 것에 대해 '아시안 피버Asian fever'라고 부른다. 좋은 뜻보다는 부정적인 뜻이 강하다. 한 사람의 인격 보다는 동양인이라는 이유로 매력을 느끼고 반하게 되는 것이므로. 아시아피버를 가진 사람들은 동양문화에 매혹되었거나 동양인의 성적 매력에 끌리는 경우이다.

그냥 상대방이 좋아서이거나 진심으로 사랑하게 되었을 수도 있는데, 나는 항상 삐딱한 시선으로 모든 것을 바라보고 있었다. 내게 관심을 보이는 사람을 무조건 '동양 여자랑 자보려는 마음에 저러는 것이 아닌가?' 라고 생각했다. 스스로가 약자라고 규정짓고 그를 탓하며 피해의식을 가지게 된 것이다. 그러한 열등감이 조금씩 나를 갉아먹고 있었다.

선입견이라는 것은 맞을 때보다 틀릴 때가 더 많은 것 같다. 한때의 불장난이라고 생각했던 캠퍼스의 국제 커플은 결혼에 골인했고, 성적 매력이나 호기심에 금발여자랑 사귄다고 생각했던 오빠는 졸업 후 장거리 연애 중이다. 나의 어리석음, 사람들의 진심을 흑심으로 바라보는 편견이 결국 나를 가두어 버렸다. 나를 보호한다고 쌓은 벽이 아니었던가. 과거 나의 모습에서 어리석은 거북이를 발견한다. 거북이는 위험을 감지하는 순간, 움츠러들어 단단한 등껍질 속으로 숨어 버린다. 두려움으로 그 안에 숨어서 한참이고 웅크리고 있다. 나는 자신을 지켜냈다고 믿으며 그 어둠 속에서 한참동안이나 갇혀 있었다. 위험이 아직도 눈앞에 있는지 혹은 그것이 그림자 같은 허깨비인지 미처 확인하지도 않은 채. 내가 바로 그 거북이였다.

인도에서 크게 흥행한 영화 《PK》에서도 편견이 삶을 얼마나 좌지우지하는지 여실히 보여준다. 외계인이 지구에 떨어져 사람들이 사는 모양을 보니 온통 편견과 자기주장에 휩싸여 진실을 보지 못한 채 살아가고 있다. 인도인인 여자 주인공은 파키스탄 남자와 운명적인 사랑에 빠진다. 부모님이나 사회의 반발이 두려웠던 두 사람은 서둘러 결혼식을 올리려 한다. 결혼식을 올리는 성당에서 여자주인공은 한 편지를 받는다. 그 편지에 이별을 고하는 슬픈 내용이 담겨 있다. 크게 낙심하고 성당을 뛰쳐나온 주인공은 슬픈 마음을 주체할 수 없어 오랫동안 힘든 시간을 보낸다. 외계인이 특별한 능력으로 주인공의 과거를 찬찬히 살펴보니, 누구의 이름도 실려 있지 않았던 그 편지는 잘못 전달된 것이다. 사실 애인도 그녀를 잊지 못하고 그리워하며 기다리고 있는 것이다.

두려움이나 편견은 우리의 두 눈을 가리고 두 귀를 막는다. 진실이 앞에 있어도 이를 왜곡하여 보고자 하면 진정한 가치는 가려지고 만다. 결국 마음에서 보고자 하는 바, 믿고자 하는 바가 현실이 된다. 만약에 어떤 사람이 당신을 싫어한다는 생각에 사로잡혀 있다고 가정해 보자. 그러면 상대가 아무 생각 없이 던진 농담을 당신은 민감하게 받아들일 것이며 상대가 지은 미소 또한 비웃음이라고 받아들일 것이다. 그러다 결국 둘의 관계는 틀어지고 만다.

계획 없이 여행가기를 좋아하는 나는 두 달 전 혼자 중국 해남도에 다녀왔다. 갑작스럽게 정해진 여행이라 같이 갈 사람을 구하기도 어려웠고 여행지에 대한 정보도 전혀 없었다. 내가 중국어와 영어를 구사한다는 자신감이 아니었으면 이렇게 바람처럼 떠날 배짱은 없었을 것이다. 무작정 새로운 사람들을 만나 같이 여행하면 된다는 배포를 가지고 비행기에 올랐다.

중국 도착이 일요일에서 월요일로 넘어가는 새벽 1시. 비자 수속 때문에 한참이나 늦게 숙소에 도착해 내일에 대한 걱정 속에서 잠을 청했다. 다음 날, 두리번거리며 한국인을 찾다가 황당한 말을 들었다. 숙소 직원이 말하기를 현재 비수기여서 한국인은 고사하고 외국 사람이 아무도 없다고 했다. 조금 당황했지만 근처 스타벅스에 가서 외국인 여행자 친구를 찾아볼 요량으로 한참이나 책을 읽었다. 결국은 실패였다. 나는 지루하게 혼자서 시간을 보내다 숙소로 돌아왔다. 혼자 방 안에 누워 천장을 바라보며 괜히 혼자 여행을 왔다고 생각했다. 한참이나 뒤척이다 도저히 안 되겠다는 마음에 내려갔다. 일 하는 친구가 웃으며 말했다.

"오늘 저녁에 바비큐 파티를 하니까 너도 와."

나보다 훨씬 어린 중국인들 틈에 껴서 놀아도 괜찮을까 망설여 졌지만 어쩔 수 없이 그러겠다고 했다. 또 말도 안 되고 정보도 없 는 상황에서 어차피 자유여행이 힘들 것 같아, 다음 날 중국인 관광 투어에 참여하기로 했다. 그러자 한 친구가 자기도 같이 가겠다고 나섰다. 내일 든든한 여행친구도 얻었겠다, 걱정을 크게 덜었다.

곧 시작된 바비큐 파티는 예상과 다르게 너무 재미있어서 웃음 이 끊이지 않았다. 다 알아들을 수는 없었지만 그들의 친절과 호의 가 느껴졌다. 나를 있는 그대로 받아들인다는 편안한 느낌이었다. 한국인들과 있었다면 예의를 지키려고 혹은 내가 어떤 사람으로 비 쳐질까 신경이 쓰이는 것이 하나 둘이 아니었을 것이다. 오히려 100% 말이 안 통하니 그냥 나일 수 있었다. 아무런 선입견이나 거 리를 두지 않고 편안하게 그들을 대했다.

나를 친구로 받아들이고 중국투숙객들은 나에게 계속 칭다오 맥 주를 사주며 환대를 표현했다. 그렇게 중국 친구들과 여행을 시작 했다. 나는 상상하지도 못한 아름다운 시간을 보냈다. 나보다 한참 어렸던 이 아이들은 내가 친구라는 이유로 여러 차례 지갑을 못 열게 했다. 그들은 나에게 중국식 팥빙수를 사주고, 현지인들이 먹는 아침식사를 맛보여 주었다. 현지인들의 진짜 삶의 모습을 볼 수 있어 매우 기뻤다. 여행 마지막 날에는 나를 위한 송별회로 대형 노래방 파티까지 해주었다. 게다가 십여 명의 중국 친구들이 공항버스 정류장까지 나를 배웅 나와 주었다니! 그 중 한 친구는 아예 공항까지 데려다 주겠다고 따라 나서기도 했다.

여행을 마치고 중국에서 받은 과분한 환대에 얼얼할 지경이었다. 힘을 빼고, 편견과 교만의 안경을 벗으니 사람들의 진심이 보였다. 이전에 7년동안 외국 생활을 하면서 한 번도 경험해 보지 못한 소중한 가르침이었다. 상대가 나를 편견을 가지고 바라본다는 생각이 가장 무서운 편견이다. 그것을 내려놓으니 수많은 호의와 진심 어린 친절이 나를 향해 달려들었다.

힘을 빼고 자신의 방어벽을 무너뜨려야만 상대방의 진심이 보인다. 의심의 눈초리나 나의 잣대로 판단하려는 아집을 내려놓아 보자. 이는 좋은 사람을 끌어들일 수 있는 마음 습관이다.

나를 얕보는 사람들에게 맞서는 행동지침서

누군가 당신을 조롱하려고 한다면, 움츠려 들지 말고
더욱 당당해야 한다.

●
●

● 고향이 지방인 친구 하나가 서울 사람들을
'깍쟁이'라고 불렀다. 고향 떠나 서울 생활을 하며 어떠한 억울한
경험이 있었을까. 하물며 외국에 살며 누군가 자신을 얕본다면 그
억울한 심정이 이루 말할 수 없다.

외국에서 산다는 것은 소수자로 산다는 것을 의미한다. 외국인
들 틈에서 이방인으로 살아가기란 때때로 쉬운 일이 아니다. 이방
인으로 하루하루 견뎌내기 곤욕스럽기 그지없는 때도 있을 것이다.
뉴질랜드로 유학을 떠난 친구가 있다. 남자처럼 옷을 입고 남자처
럼 구는 그 아이는 사실 동성애자였다. 그 친구는 길거리에서 자신
에게 침을 뱉는 사람도 있었다며 서러움을 토로했다. 이 경우는 성
소수자에 대한 차별도 복합적으로 섞인 심한 케이스이다. 그러나

타지살이를 하는 사람이라면 누구나 한 번쯤 억울하고 치사한 마음을 가까스로 누른 경험이 있다.

나도 우물쭈물 하는 영어 때문에 사람들이 나를 얕본다고 생각했다. 지금 돌아보면 나만의 열등감이 아니었을까. 실제도 간혹 몇몇은 나를 만만하게 보았을 것이다. 움츠리고 다니던 나의 자신감 부족이 거기에 한 몫 보태지 않았나 싶다. 그런데 영어를 못하는 것이 왜 미안한 일이란 말인가? 영어를 못하는 것은 죄가 아니다. 말을 못해서 기가 죽을 것 까지는 없다. 그러나 수많은 사람들이 영어를 못해서 'Sorry 미안하다.' 라고 한다. 하지만 그렇게 말하는 학생들 대부분 의사소통에 무리가 없는 실력을 갖추고 있다.

그럼에도 불구하고 현지인이 내가 언어를 못한다는 이유로 나를 무시한다면, 그 사람은 정말 별 볼일 없는 사람일 확률이 높다. 자기만의 세상에서만 살아본 우물 안의 개구리인 것이다. 조금 억지스럽지만, 누군가 당신에게 언어를 못한다는 이유로 만만하게 본다면 한 마디 뱉어라.

"너는 나처럼 한국말 하냐? Do you speak Korean as good as me?"

오히려 열정 하나로 외국에서 고군분투 하는 그 용기를 높이 사야 한다. 누군가 당신을 조롱하려고 한다면, 움츠려 들지 말고 더욱 당당해야 한다.

우리는 간혹 당당함과 겸손하지 못함을 분간하지 못한다. 겸손이란 움츠리고 고개 숙이고 다니는 것이 아니다. 더욱이 항상 내가 부족하다고 말하는 것도 겸손이 아니다. 외국에서 지나친 겸손은 오히려 화를 부르기도 한다. 선물 할 때도 '별 거 아니지만……' 이란 말을 붙이면 상대는 정말 아무 것도 아니라고 생각해버린다. 토론에서 의견을 낼 때도 '제가 잘은 모르는데요.' 이런 말을 갖다 붙이면, 상대는 당신이 우물쭈물 한다고 생각한다. 상대를 집에 초대해 놓고 '차린 것이 없지만 많이 드세요' 라고 말 하는 것은 외국 사람들 귀에 '정성이 모자라고 부족합니다. 대충 준비했습니다.' 로 들린다. 자신을 낮추고 작게 포장하는 것이 다른 문화권에서 미덕이 아닐 수 있다. 오히려 그 말을 그대로 받아들여 오해가 생긴다.

이러한 언어적 문제 이외에도, 누군가 문화적 이유를 앞세워 당신을 얕볼 수도 있다. 내가 중국 어학연수를 갔을 때 일이다. 레이첼이라는 아이는 열등감 많은 수다쟁이였다. 그녀는 게으르기로 유명했던 피터와 만나 사귀었고, 일방적으로 그에게 목을 매고 있었다. 그와 달리 피터는 사실 레이첼 룸메이트에게 관심이 있다는 이야기를 스스로 퍼트리고 다녔다.

어느 날 여자 아이들과 수다를 떨다 은밀한 주제가 튀어 나왔다. 서로의 성경험을 공유하기 시작했다. 레이첼은 자신과 피터의 정열적인 사랑에 대해 부풀려 장황하게 묘사하기 시작했다. 그 이야기

기분전환이 필요하거나 울적한 마음이 들면 학교 근처 메디슨 시청으로 향했다. 아름다운 건축물
과 인테리어를 구경하고 나면 무거운 마음이 조금은 가벼워지는 것 같다.

가 음담패설 같이 적나라하고 유치해서 다들 눈빛을 주고받으며 키득거렸다. 내 차례가 되자 나는 솔직히 경험이 없다고 말했다. 그러자 레이첼이 박장대소를 하며 나를 아이 다루듯 놀리기 시작했다. 다른 아이들도 성적 쾌락에 대해 설명하며 이야기꽃을 피웠다.

그런데 레이첼은 그 뒤로도 그 이야기를 자주 끄집어내어 다른 사람들 앞에서 나를 망신주기 시작했다. 처음에는 대수롭지 않게 여기다가 슬슬 짜증이 나기 시작했다. 다른 친구들도 레이첼이 너무 심하다며 나를 위로해 주었다. 하여간 나는 이대로 가만히 있을 수만은 없다는 생각이 들었다. 레이첼이 또 혼자 신나서 나를 놀리고 있을 때, 나는 평소와 다르게 진지하고 똑 부러지게 말했다.

"You'd better leave me alone. Maybe I am better than you! You should think about your own situation first before you stick your nose onto other people's business! 나를 그냥 내버려 둬. 내가 너보다는 낫지 않니. 남의 일에 이래라 저래라 참견하기 전에 스스로가 어떤 상황인지 먼저 생각해 보지 그래!"

유순하고 조용하기만 하던 나의 한 방에 그녀는 당황한 기색이 역력했다. 황급히 방을 빠져나간 레이첼은 다시는 그 농담을 꺼내지 않았다. 곧 둘의 관계 역시 끝났다. 풀이 죽어 겸손해진 레이첼은 자신이 너무 심했다며 나에게 공개 사과를 하기도 했다.

여하튼 성에 관한 문제는 온전히 개인의 선택이지, 남이 감 놔라 대추 놔라 할 문제가 아니다. 사실 미국 성 관련 문화를 가만히 들여다보면, 성에 대하여 개방적인 만큼 성을 강요하는 문화도 있다. 실제로 남들이 다 하니까 첫경험을 하는 어린 친구들도 적지 않다. 《마흔이 되도록 못 해본 남자》는 주인공의 첫 경험을 위해 주변 사람들이 의기투합하는 에피소드를 그린 영화이다. 그 영화에서 주변인들이 더 호들갑을 떠는 모습이 코믹스럽다. 사람들이 이렇게 남의 일에 위로랍시고 아는 척 참견을 할 때는, 스스로의 존재에 대해 확인하고자 또는 과시하고자 하는 심리가 섞여 있다.

상대의 발언이나 행동이 웃어넘길 수 있는 선을 넘는다면 용기 있게 맞서야 한다. 학교에 알리거나 상담을 요청하는 것도 아주 현명한 대처법이다. 영어가 안 되면 한국말로 시원하게 욕이라도 한 바가지 퍼부어라. 정확한 뜻은 아니어도 그 느낌이 생생하게 전달될 테니. 본인의 울분을 조금이나마 해소할 수 있으며, 동시에 당신이 밟아도 찍 소리 못 하는 존재가 아니라는 메시지를 준다. 그것만으로도 놀리는 쪽의 기를 죽이는 데 상당한 효과가 있다.

이민을 온 지인이 한 이야기를 들려주었다. 해외근무로 가족이 다 미국에 와서 적응하고 있는 상황이었다. 가장이었던 지인은 업무에 치여 하루하루 버텨가고 있었다. 그런데 어느 날, 중학교 1학년인 아들이 집에 와서 학교를 못 다니겠다고 울며 떼를 쓰는 것이었다. 학교에서 한 아이가 동양인이라고 그를 마구 괴롭히는 모양이었다. 외국에서 적응을 어린 아이가 감당하려니 얼마나 힘들었을까. 그래서 아버지는 학교로 교장을 만나러 갔다. 그 쪽 아이 부모님이나 혹은 가해자 학생을 만나 정중히 이야기 해 보겠다는 뜻을 전했다. 그러자 교장선생님은 이 문제는 아이들끼리 치고 박는 불상사가 생기더라도 스스로 해결하게 두는 것이 낫다고 했다. 그 깊은 뜻을 헤아리게 된 아버지는 아들에게 타일렀다.

"아빠가 그동안 폭력은 절대 안 된다고 가르쳤지만, 그게 아닌 것 같구나. 아들아, 앞으로 싸울 일이 있으면 싸워라. 참고 맞지만 말고, 부당한 경우에는 같이 덤비고 맞서라. 사람이 살며 제일 바보 같은 것이 두려워서 움츠러드는 거야. 깨져도 좋으니 확실하게 부딪쳐 보아라."

그 뒤로 한 달 안에 놀라운 일이 벌어졌다고 한다. 아들이 태권도 발차기로 그 아이를 제압했고, 그 아이는 그 뒤로 아들만 보면 슬슬 피한다고 한다. 아들은 자신감을 되찾았고, 학교에서 학급 대표까지 맡는 등 활동적인 생활을 하고 있다고 한다.

우리는 어려서 싸우지 말고 참으라고 배웠다. 나는 그 가르침을 과감히 거꾸로 하라고 외친다. 부당한 경우, 자신의 입장을 변호하고 지키기 위해 목소리를 키우기 바란다. 나를 얕보는 사람들에게 한 번쯤은 매운 맛을 보여 주는 것이다. 언어가 안 돼서 말도 우물쭈물 할 테니 더 크게 말해야 한다. 상대의 농담이 용납할 수 있는 선을 넘는다면, 소신껏 밀고 나가라. 더 크게 행동하는 거다. 어떤 상황이라도 스스로 자처해서 약자가 되지 말아야 할 것이니!

대학원의 김홍남 교수님은 항상 당당하되 겸손하라고 하셨다. 예의와 겸손은 '움츠러드는 비겁'과 다르다. 누군가 나를 만만히 본다면 반은 내 잘못이다. 나를 만만한 사람처럼 보이도록 행동하지는 않았을까? 밟히면 움찔 혹은 벌떡 해야 한다. 그래야 다음에 또 밟히지 않기에! 과격한 폭력이나 욕설은 피하더라도 강렬한 눈빛, 수긍하지 않겠다는 자세면 상대의 기고만장함을 꺾거나 스스로의 자존감을 지키기에 충분할 것이다.

외국인의 색안경에 맞서는 법

다른 문화에 열린 자세와 부드러움을 지닌 당신은
특별한 사람으로 기억될 것이다.

"Do you eat dogs? 한국사람들은 개를 먹나요?**"**

외국에서 여러 번 받은 질문이지만 들을 때마다 민망함이 들기
는 매한가지였다. 개를 먹는다고 미개한 사람 취급이라니!

우리가 개를 먹는 문화가 있기는 하지만, 이에 대하여 어떻게 설
명하면 좋을까? 나는 이 질문에 여전히 그럴듯한 답을 찾지 못했다.
사실 어렸을 때 한번 먹어본 개고기가 맛있었던 것이 어렴풋이 기
억난다. 하지만 나도 개를 키우는 입장이기 때문에 먹는 문화가 유
쾌하지는 않다. 하지만 개고기를 좋아하는 사람들의 자유와 취향
또한 존중한다는 것이 나의 견해이다. 그러나 이렇게 말하기가 너
무 길고 애매모호해서 그냥 쉬운 거짓말로 위기를 모면한 게 여러
번이다. 솔직히 개를 먹느냐는 질문에 '예스'를 던지는 순간 그들

이 나를 야만인 쳐다보듯 볼까봐 두려웠다.

새로운 사람을 만날 때도 편견과 호기심이 이는데, 외국인을 만났을 때 그러한 색안경은 몇 겹이나 더 두꺼워진다. 인간은 누구나 잘 모르는 것에 두려움이 있기 마련이다. 동양의 작은 나라에서 온 사람에게 어느 정도 편견이 따라오는 것은 지극히 당연한 일이다. 나는 그들과 생김새가 전혀 다르며 언어와 사상도 다르다. 하물며 문화와 기질 등 모든 것이 다르다. 내가 자기소개를 할 때마다 항상 그들 시선에 호기심과 선입견이 어려 있었다. 좋은 쪽으로든 나쁜 쪽으로든 말이다.

처음 호주로 어학연수를 갔을 때 대한민국이 어디에 있는 나라인지도 모르는 친구들도 꽤 있었다. 난감해서 '중국과 일본 사이에 있는 나라'라고 대답하면 대충 알겠다는 표정을 지어 보였다. 하루는 아예 한국이 어디 있는지 보여준다고 세계지도를 펼쳤다. 손가락으로 한국을 짚으니 동해가 'Sea of Japan^{일본해}'이라고 명시되어 있는 게 아닌가? 그것에 대해 질문도 있었다. 체면이 말이 아니었다. 더군다나 내가 북한 사람인지 남한 사람인지 물어오는 사람들도 적지 않았다. 엉뚱한 질문이라고 생각하겠지만, 외국에 나가면 꽤나 자주 받을 질문 중 하나이다. 외국 사람들은 북한에 대해 훨씬 더 큰 경계심과 어마어마한 두려움을 가지고 있다. 한 마디로 나는 그들에게, 호기심과 경계심을 동시에 불러일으키는 먼 나라의 신비로운 존재이다. 이러한 상황 속에서 현명하게 대처하는 법에 대해

학교 문화행사에서 한복을 입고 한국에 대해 알렸다.

생각해 보자.

내가 외국인들의 색안경에 맞서는 방법은 '맞서지 말고 섞여라.' 이다. 먼저 그들의 문화에 유연하게 대처하고 그 굴레에서 받아들여 질 수 있는 사람이 됨을 의미한다. 내가 처음 미국에 가서 큰 문화충격을 받았던 것만큼 그들도 나로부터 적잖은 충격을 받았을 것이다. 한국에서 유행하던 학생패션이 폴로 티셔츠에 무릎까지 오는 펑퍼짐한 반바지여서 최고로 멋을 낸다고 그렇게 입고 갔건만, 왜인지 여기서는 내 옷이 어색해 보였다. 그래서 내가 짐을 풀자마자 홈스테이 가족들이 나에게 말했다.

"수, 너 이렇게 옷을 입고는 학교에 갈 수 없어! 우리 쇼핑부터 가야겠어."

그래서 월마트에서 또래 여자아이들이 입는대로 딱 붙는 티셔츠와 청바지를 샀다. 그런 옷을 입은 내가 무척이나 낯설었다. 또한 미국 여자들이 다리를 매끈하게 면도하는대로 나도 따라 하기 시작했다. 거울 속 나를 보며 미국 물이 들어간다는 게 이런 건가 싶어 묘한 웃음이 나기도 했다.

이 밖에도 수많은 방식으로 그들 문화에 기꺼이 다가가려는 노력을 기울일 수 있다. 종교에 상관없이 크리스마스를 축하하며 선물을 교환해 보자. 매운 고추장 맛이 좋지만 그나라의 음식의 독특한 맛에 흠뻑 빠져 보는 것을 어떨까. 익숙한 음악은 K-POP이지만 하나도 못 알아듣는 랩뮤직을 들으며 리듬을 타볼 수도 있다. 한 번도 춤 춰 본적이 없는 몸치라도 댄스파티에 가서 흐느적거리는 시도는 해 볼 수 있다.

조금만 열린 마음이면 이렇게 현지 문화에 가까워지려는 다양한 시도를 할 수 있다. 개방적이고 유연한 태도가 중요하다. 그들이 속한 세계와 너무나 동떨어진 외국인, 신비하다 못해 이질감이 드는 사람으로 튀지 말라는 말이다. 이렇게 두 팔 벌린 태도와 열린 마음을 가진 사람에게 더 큰 호의가 베풀어지기 마련이다.

그래서 나는 외국문화를 접해 볼 때 매우 적극적으로 임한다. 이색 음식도 빼지 않고 먹어보며 맛있다고 두 손으로 엄지를 치켜세운다. 친구가 권하던 치아미백 스티커도 흔쾌히 해 봤다. 미국인은 미소를 굉장히 중요시 여기기 때문에, 치열이나 치아 미백에 크게 신경 쓴다. 그렇게 친구와 같이 스티커를 붙이고 수다를 떨기도 했다.

새로운 문화에 섞일 수 있는지 여부는 이런 작은 것들에서 결정난다. 외국까지 와서 한결 같이 한국 식당만을 고집하는 사람이 꼭 있다. 이곳에서 색다른 세계를 맛보고 멋진 경험을 마음껏 누릴 수 있는데도 말이다. 몇 십 년 동안 먹어온 김치찌개는 조금 나중에 먹어도 괜찮지 않을까? 태도를 조금만 유연하게 바꾸어 사람들이 권하는 것에 기꺼이 '예스'를 외쳐 보는 것이다. 그들은 당신에게 더 많은 것을 가르쳐 주려고 신이나 할 것이니!

한국 음식은 맛이나 영양적인 면에서 세계 어느 곳에 내놓아도 손색이 없다. 하지만 맵고 자극적인 맛이나 냄새 혹은 투박한 외양 탓에 한국 음식 세계화에 어려움이 있었다. 그러나 최근 몇 년간 한국 음식의 세계화를 위해 국가와 기업, 일류 요리연구가들이 마음을 모았다. 세계인을 매혹시키기 위해 전략을 새로이 한 것이다. 바로 어울림과 타협을 앞세워 세계 속의 한국음식의 대중화를 꾀한 것이다. 단아한 느낌과 건강식이라는 강점은 더욱 살리고, 세계인이 선호하는 맛을 위해 맛을 조금 부드럽게 절충하였다. 그랬더니 세계에서 한국 음식을 보는 시선이 달라졌다. 거부감이 줄었고, 관심을 갖기 시작했다. 한류문화의 확산과 맞물려 한국 음식도 곳곳에서 각광받는 추세이다. 소박하고 단아한 색채의 건강식, 고급스러운 플레이팅까지 더해지니 세계 어디에 내놓아도 지지않는 최고급 음식으로 탈바꿈하였다. 고유의 특색은 유지하되 세계인에게 친근하게 보일 수 있도록 포용과 융화의 덕목을 갖춘 것이다.

로마에 왔으면 로마법을 따르라고 했다. 적극적으로 그곳 문화를 체험해 보려는 외국인에게 최소한의 거부감이나 이질감이 돌아온다. 지혜를 발휘하는 것이다. 새로운 문화에 적응하기 위해 자신을 버리라는 것이 아니다. 융통성을 발휘하라는 것이다. 다른 문화에 열린 자세와 부드러움을 지닌 당신은 특별한 사람으로 기억될 것이다.

여기서도 쫓겨나면 어떡하지

힘든 시간 동안 받은 상처 속에서 두 번 다시 배울 수 없는 인생교훈을 얻었다.
어떤 상황에서도 나를 지킬 수 있는 것은 나밖에 없다는 것.

고등학교 3년 동안 내가 거쳐 간 홈스테이
집이 무려 여덟 군데나 된다. 수많은 우여곡절이 있었다. 그 당시
나는 홈스테이 집을 잘 만나 속 편하게 생활하는 아이가 제일 부러
웠다.

'쟤는 저렇게 복이 많은데, 나는 왜 이렇게 지지리도 복이 없지?
내 팔자가 이렇게 고생할 팔자인가?'

이런 생각에 잠겨 부러운 눈으로 물끄러미 친구를 바라볼 때가
종종 있었다. 어린 아이가 팔자타령을 할 정도로 마음고생이 심했
다. 항상 '이 집에서도 쫓겨나면 어떡하지?' 이런 조마조마함이 있
었다. 어린 시절의 그 마음고생이 안쓰러운 생각에 지금도 글을 쓰
며 눈시울이 붉어진다.

처음 플로리다 집에서 쫓겨나게 된 까닭은 홈스테이 가족이 내 돈을 훔쳤기 때문이다. 그들은 허락 없이 내 카드에서 돈을 장기간 동안 인출해 사용했다. 교환학생 프로그램은 공립학교에 일 년간 다니며 문화교류의 취지로 무료 홈스테이 방식으로 이루어진다. 그러나 때마침 경제적인 어려움을 겪고 있던 홈스테이 집에서 내가 버거웠던 것이다. 차라리 나에게 이야기 했다면 부모님과 상의 후에 일정 생활비를 드렸을 텐데. 언제부터인가 홈스테이 어머니가 내 돈을 쓰고 있다는 느낌이 들었다. 나는 이런 상황을 눈치 채고도 말 못하고 끙끙 앓을 수밖에 없었다.

미국에 도착해서 이런 저런 것을 사고 나니 용돈이 바닥났다. 자동인출기에서 돈을 찾으려고 하는데, 계속 승인거부 메시지가 뜨는 것이다. 차를 타고 은행에 왔는데 난감하기 짝이 없었다. 한국에 전화 하거나 여러 번 다시 시도해 봤지만 계속 실패였다. 그 당시만 해도 외국에서는 한국의 은행영업시간에만 돈을 인출할 수 있었다. 그것을 몰라 몇 번이나 애를 먹었다.

홈스테이 가족들도 돈 문제이다 보니 궁금해 하기 시작했다. 한번은 한국 은행영업 시간에 맞추어 인출을 시도하러 갔다. 그런데 이번에는 카드 비밀번호가 잘못 전달되어 또다시 실패하고 오자 다들 궁금해 했다. 영문도 모른 채 답답해했다. 드디어 비밀번호를 제대로 알아냈다. 결국 무사히 인출에 성공했다. 나는 묵은 체증이 내려간 듯 했고 가족들도 기뻐했다. 자초지종을 들은 엘렌이 나를 빤히 바라보며 물었다.

"Oh, the password was wrong! What is the password of your card? 아, 비밀번호가 잘못 되어서 그랬구나. 그럼 네 카드 비밀번호가 뭐니?"

이런 질문에 나는 조금 당황스러웠다. 몇 초간 어색한 정적이 흘렀다. 말을 해주지 않으면 안 될 것 같은 묘한 분위기였다. 내가 전적으로 믿는다는 것을 보여주기 위해(?) 말해야 할 것만 같았다. 그렇게 나는 끝내 비밀번호를 말해 주고 만다.

며칠 뒤 엘렌이 나를 불러 심각한 얼굴로 말을 꺼내기 시작했다. 자기 집에 도둑이 든 적이 있으니 카드며 중요한 것을 금고에 넣어 주겠다고 했다. 내키지 않아 괜찮을 거라고 극구 사양했다. 그러자 그녀는 나를 끈질기게 설득하기 시작했다. 여러 모로 금고가 안전할 것 같다며 나를 재차 설득했다. 그렇게 해서 나는 순진하게도 그녀에게 카드를 내어준 것이다. 무언가 불길한 느낌을 떨칠 수 없었다. 혹시나 하는 마음에 그 날부터 카드 지출내역을 상세하게 장부에 적어 놨다.

그로부터 얼마 후 한국에 전화를 걸어 잔고를 확인해 봤다. 돈이 크게 비어 있었다. 배신감과 분노, 모든 감정이 뒤섞여 혼란스러웠다. 일단 이 상황을 두고 보려고 아무 말 하지 않았다. 한 달 뒤 다시 확인해 본 결과, 잔고는 훨씬 줄어 있었다. 홈스테이 가족은 갈수록 더 과감하게 큰 금액을 인출해 쓰고 있었다. 내 앞에서는 웃는 얼굴을 하면서 말이다! 화가 치솟고 억울한 마음이 거세졌다. 그제야 한국 부모님께 사실을 털어놓았다. 그러나 부모님은 말도 안 되는 이야기라며 내가 무엇인가 잘못 알고 있을 거라고 하셨다. 그러나 무엇보다도 확실한 증거, 1센트까지 다 기록해 놓은 장부가 모든 정황을 뒷받침해주고 있었다. 부모님은 아마 딸을 위해 그냥 이 만행을 참고 넘겨야 하나 고민도 하셨을 것이다.

하지만 여기 당장 미국 땅에서 이 상황을 바로잡을 사람이 나 밖에 없었다. 망설임 끝에 더듬거리는 영어로 미국 코디네이터 타티아나Tatiana에게 전화를 걸었다. 그녀는 사실 무책임하고 느슨하게 일을 처리하고 있었다. 코디네이터와 에이전시 모두 허술한 시스템으로 돌아가고 있는 모양이 뻔했다. 아이들을 어떤 집이고 배정만 하면 그들의 책임 끝일 테니. 그 후에 체계적인 관리가 이루어지지 않은 상태였다.

그러나 그런 타티아나도 이번만큼은 사태의 심각성을 느끼고 액션을 취할 수밖에 없었다. 액수도 큰 금액이었고 확실한 증거도 있었다. 그녀는 당장에 집으로 찾아왔고 이제 모든 사실이 까발려 진 셈이었다. 그들의 구린내 나는 만행, 그리고 조용하기만 한 내가 반기를 들었다는 사실이 수면 위로 떠오르게 된 것이다.

그 집에서 나오기까지 약 2주간 나는 매일 살얼음판을 걷다시피 했다. 내 잘못도 아닌데 나는 나라를 팔아먹은 매국노 마냥 배신자 취급을 받아야 했으니까. 눈치가 너무 매서워 눈물을 참으며 집안

플로리다, 처음집에서 쫓겨난 나를 따뜻하게 품어준 할머니와 할아
버지. 그 집 개 역시 훌륭하고 너그러웠다.

일 하는 날이 허다했다. 앞서 말한 눈물의 불고기 사건이 바로 이때의 일이다.

마침내 다음에 집이 정해지고 떠나는 것이 확정 되었다. 마지막으로 이별이라도 제대로 하고 싶었다. 피자를 배달시켜 저녁이라도 대접하려 했다. 그래도 8개월 간 든 정이 있지 않은가. 그리고 스테이시와 어색해진 우정 때문에 마음이 쓰였다. 어쩔 수 없이 이별의 아쉬움보다 분노와 긴장이 가득한 마지막 저녁 식사를 가졌다. 식탁 위로 어색함만이 흘렀다. 침묵을 깨고 갑자기 엘렌이 톡 쏘아 붙였다.

"네가 사준 이 피자도 우리가 훔친 돈이 되는 거니?"

큰 여행 가방을 들고 쫓기듯 나오며 무뚝뚝한 아저씨의 언성이 높아지는 것을 들었다. 타티아나도 몸싸움이라도 할 듯 거세게 반발했다. 아줌마가 말리는 것을 볼 수 있었다. 아저씨는 고래고래 소리를 질렀다.

"세상에 무슨 잘난 부모가 돈 한 푼 안 주며 아이를 남의 집에서 무식거취 하게 해? 이렇게 뻔뻔한 경우가 어디 있어? 드는 돈이 어디 한 두 푼인 줄 알아?"

나는 겁에 질린 채 이 모든 상황을 보며 서 있었다. 나에게 뭐가 어떻게 돌아가는지 속 시원하게 이야기해 주는 사람은 없었다. 뚱한 표정으로 나를 바라보는 스테이시를 뒤로 하고 나는 그 집을 떠났다. 이 모든 상황이 어린 나에게 큰 상처가 되었다.

나는 동네의 할머니, 할아버지의^{준과 탐의} 집으로 가 잠시 동안 머물 예정이었다. 내 사정이 딱해 며칠만 묵도록 온정을 베풀어 주신 것이다. 하루하루 별 탈 없이 지나갔다. 할아버지는 이전 홈스테이 가족을 회유해 돈을 돌려받게끔 도와 주셨다. 다행히 엘렌이 체포되는 최악의 시나리오는 막을 수 있었다. 그러나 나는 상처가 너무 커서 할아버지와 할머니 두 분이 주시는 사랑도 온전히 받아들이지 못했다. 며칠이 지나면 나는 또다시 다른 집으로 갈 상황이었으니 하루하루 불안에 시달렸다.

'어렵게 적응을 마쳤는데 또 이별이라니! 또 어떤 사람들을 만나게 될까? 더 이상한 집에 가게 되면 어떡하지?'

결국 반갑지 않은 전화가 왔다. 타티아나가 다음 홈스테이 집이 결정되었다는 말을 전달했다. 타티아나는 최고의 가족들을 만나게 될 거라며 나를 안심시키려 했다. 나는 그 무책임한 사탕발림에 욱하는 마음이 치밀어 올랐지만 내색하지 않았다. 다음에 가게 될 집에서 먼저 나를 한번 만나보고 싶다고 했다. 두어 시간 정도 떨어진 도시, 올랜도에 나를 데려가 친해질 시간을 갖고 싶다는 것이었다.

약속 날 봉고에서 인상 좋은 아저씨와 어린 딸 꼬마 아가씨가 내렸다. 우리는 어색하고 밝은 인사를 나눴다. 올랜도로 향하는 차 안에서 서로를 알아가기 위해 이야기를 나누었다. 그러다 꼬마 아가

씨가 당돌하게 껴들었다.

"Is she my baby sitter? 이 아이가 내 베이비시터(보모 아르바이트)인가요?"

올랜도의 대형 몰을 구경하고 한국 식료품점으로 나를 데리고 가는 것이 이 긴 드라이브의 목적이었다. 나는 불필요할 만큼의 눈치가 이미 몸에 스며 있는 상태라 그 호의를 한사코 거절했다. 솔직히 라면이고 고추장이고 눈에 들어올 상황이 아니었다. 나는 당장 내일이 어떻게 될지 모르는 상황이 아닌가? 이 집에서 나를 마음에 들어 할지 걱정뿐이었다.

그렇게 나들이를 마치고 심적으로 지쳐 망신창이가 되어 돌아왔다. 이런 나의 불안한 심정을 헤아린 할아버지, 할머니는 나를 부르셨다. 내가 좋다면 남은 시간 동안 이 집에 머물러도 괜찮다고 하셨다. 기뻐서 눈물이 날 지경이었다. 또 낯선 장소와 사람들에 마음 붙이고 새 학교에서 적응해 나간다는 것은 생지옥 같았다. 더 이상 또 다른 변화를 수용하는 게 엄두가 나지 않았다. 그렇게 십 개월 동안 나는 무려 다섯 집을 오가며 불안함 속에서 유학 첫 해의 쓰라리고 따끔한 맛을 보았다. 어쩔 수 없이 이별하고 또 만남을 반복해야 했던 상황들. 그 가운데 마음에 앉은 생채기에 딱지와 굳은살이 베기고 있었다.

그러다 뉴욕에 오게 되었고 고등학교 마지막 해, 그 해만은 최고의 가족을 만난 줄 알았다. 그러나 마지막에 와서 모든 불운이 한꺼

번에 터져 버렸다. 홈스테이 아저씨의 성희롱 사건이 터졌다. 그러나 졸업이 얼마 안 남았기에 힘겨워도 버티기로 마음먹었다. 바늘방석에 앉아 있는 듯이 하루하루가 갔다. 마침내 귀국 하루 전 날이 되자 나는 마음이 날아가는 듯 했다. 이제 이 지긋지긋한 뉴욕과 홈스테이 생활과 영원히 굿바이라니 꿈만 같았다. 그리고 이틀 후면 꿈에 그리던 우리 가족들의 품으로 돌아갈 것이었다.

출국 하루 전날 오후에 은행 계좌를 없애고 돈을 모두 찾아 왔다. 천 불이 넘는 돈을 방에 두었다. 나는 다른 볼일을 처리하기에 바빴다. 이 년이나 살았던 데를 떠나려니 막상 이것저것 처리할게 많았다.

그리고 그 날 밤 짐을 싸고 있었다. 그런데 가방 속 내 돈이 없었다. 머리가 하얘지는 것 같았다. 나는 재빨리 이 사실을 알리고 도움을 요청했다. 그러자 케이른이 자기 친구 중 마약하는 아이가 오늘 이 집에 들어온 적이 있다고 털어놓았다. 하물며, 그 아이 혼자 집에 남겨진 시간도 얼마 있었다는 것이 아닌가! 그 질 나쁜 친구가 하필 집에 혼자 있었다니! 그 아이는 이미 여러 차례 절도와 마약 등 전과가 있었다. 또한 이전에 케이른과 그 아이가 내 방에 몰래 들어와 화장품을 가져간 적도 있었다. 흐트러진 내 서랍을 보며 몇 차례 경고를 한 기억이 스쳐 지나갔다. 분명히 그 마약쟁이 짓이라고 확신했지만 물증이 없었다.

내일 아침이면 귀국인 상황에서 나는 발만 동동 굴렀다. 아줌마와 아저씨도 무엇인가 적극적으로 대처해 줄 것이라고 생각했지만 나의 예상은 빗나갔다. 너무 늦은 시간이었으며, 성희롱 사건 이후 나에게 정이 떨어졌던 것일까. 만에 하나 자신들이 의심 받을 수도 있다는 생각이었을까. 그들은 말로 몇 마디 위로할 뿐 별다른 행동을 취하지 않았다. 나는 답답한 마음에 집 밖으로 나왔다. 눈물이 앞을 가려 문 앞 계단에 주저앉아 흐느껴 울었다. 우리 아빠가 피땀 흘려 번 돈이 마약으로 타버린다니 피가 거꾸로 솟아오르는 것만 같았다.

나는 몇 개월 전 출장 차, 처음 밟았던 미국 땅에 다시 방문하게 되었다. 감회가 새로웠다. 다시 여기에 오다니 믿기 어려웠다. 십삼 년 전 내가 보았던 세상이 어떻게 다른지 주변을 찬찬히 살펴보았다. 하나하나 눈에 담고자 하는 심정으로 말이다. 성인이 된 나에게 모든 것이 너무 다르게만 보였다. 아니, 과거 나의 눈에 비친 미국은 너무나 두렵게만 보였었다는 표현이 더욱 정확할 것이다.

사람들은 플로리다라고 하면 활기찬 휴양지와 아름다운 바닷가를 떠올린다. 그리고 뉴욕이라고 하면 분주하고 화려한 도시, 욕망과 꿈의 시티를 떠올린다. 하지만 나에게 있어서 이 두 곳 모두 어린 시절의 기억과 상처가 얼룩진 곳이다. 두려움과 눈물이 뒤섞인 기억이 떠오를 뿐이다. 잊고 살았던 그 상처를 가만히 헤집어보니 더 아픈 기억이 하나둘씩 따라 나온다. 말라 굳어져 버린 딱지인 줄 알고 살짝 들어보았는데 그 안에 아직도 피멍이 맺혀있는 것이다! 글을 쓰며 우는 날이 많았다. 과거를 떠올릴수록 그 오래된 상처의 아픔이 살아났기 때문이다.

다사다난한 사건을 이겨낸 열여섯 살의 작은 히어로. 그렇게 고등학교를 마치며 여덟 집을 거친 힘든 시간이 마무리 되었다. 그 시간 동안 받은 상처 속에서 두 번 다시 배울 수 없는 인생교훈을 얻었다. 어떤 상황에서도 나를 지킬 수 있는 것은 나밖에 없다는 것. 그리고 초라한 상황에서 주눅이 들면 더 비참해 질 뿐이라는 것이다. 다시 그 때로 돌아간다면 나는 두 번 다시 그 시련을 고스란히 안을 수 있을까 생각에 잠긴다. 참으로 자신 없어지는 질문이다.

내 유학 인생의 보물 1호는
바로 사람이다

서로가 서로에 의지하며 하나의 끈으로 묶이게 되는 것이
유학 시절의 친구들이다.

누구나 힘들면 다른 사람에게 의지하고 싶어 한다. 배우자, 애인, 가족, 멘토, 선생님, 동료 등. 하지만 나의 경우에는 언제나…… 친구였다. 피붙이 하나 없는 낯선 땅에서 친구의 존재는 사막의 오아시스만큼 귀중하다. 친구는 곧 무엇이든 나누는 소중한 가족이자 유일하게 의지할 수 있는 동행인이기 때문이다.

뉴욕의 죽은 회색 도시 워터타운. 긴 터널 같은 시간에서 나를 견딜 수 있게 도와준 인연들이 있었다. 뜻밖에 만난 인연들이 나의 눈물을 닦아주었고, 웃음을 나누어주었다. 성희롱을 당한 날 나의 우는 목소리에 놀라 한 걸음에 달려와 준 진희. 나를 부둥켜안고 울

댄스파티를 준비하고 있는 지혜와 영, 나. 밝고 단란하지만 속깊은 지혜와
내가 '워터타운 선물' 이라고 부르는 영이 있어서 다행이었다.

어준 그 친구가 없었다면, 그 날 밤은 상상하기도 힘들 만큼 끔찍하지 않았을까.

또한 내가 애정 어린 별명으로 '위터타운 선물'이라고 부르는 영이 있다. 차가 없어서 수 킬로미터를 같이 걸어 몰에 가고, 중국 음식점인 판다 뷔페에서 배 터지도록 밥을 먹으며 향수를 달랜 기억 등 수많은 추억을 나눈 아이. 우리는 매일 운동을 같이 하고 주말에도 가능하면 슬립오버Sleepover : 친구네서 하룻밤 자고 오는 것.를 하곤 했다. 그러면서 비싸서 망설였던 머리를 영이 직접 해주기도 했다. 영이 손수 내 머리를 자르고 감기고 파마해준 추억도 있다. 영과 나는 그 뒤로도 영원한 베스트 프렌드로 남았다. 유럽을 같이 여행하며 세 번이나 비행기를 놓치고 공항에서 밤을 새웠을 때, 이태리에서 몇 시간이고 길을 잃어 헤맸을 때도 영이 내 곁에 있어 참 든든했다. 영은 한참이나 꿈 없이 방황하던 나에게 따끔한 일침을 아끼지 않았다. 영의 존재만으로 나는 세상 반대편에 천군만마가 있는 것 같다.

위스콘신 대학교에서 만난 친구들 또한 내 삶에 없어서는 안 될 존재이다. 같은 아파트에서 옹기종기 모여 살며 다져온 우정이 십 년 째 이어지고 있다. 이사 같은 큰일부터 햇반을 나눠 먹으며 밤샘 벼락치기까지 모든 것을 함께 했다. 수많은 추억과 눈물 그리고 더 많은 웃음을 나누었다. 누군가에게 무슨 일이 생기면 자매처럼 똘 똘 뭉치는 우리를 보고 '팔 공주' 라고 부르는 사람들도 있었다. 수 많은 나날들을 함께 성장해 왔다.

어쩌면 유학에서 얻은 나의 보물 1호는 내 친구들이다. 아무 것도 가진 것 없는 청춘들이 외국에서 가장 힘든 시기를 함께한다. 거센 파도 속에서 돈독한 결속력과 우정이 싹트게 된다. 이 친구들이 없었다면 내가 그 시기를 버텨낼 수 있었을까? 수없이 외국 집을 전전하며 마음이 데일대로 데인 나는 온정이 그리운 아이처럼 친구들의 따뜻함에 기댔는지도 모르겠다. 아무 말 하지 않아도 내 편이 되어 주었던 지지대. 그리고 내가 어리석은 생각을 하고 있을 때 나를 흔들어서라도 잡아주었던 지지대. 내 주변에 이런 친구들이 있었기에 나는 무사히 유학을 마칠 수 있었다. 그들은 나의 일부이며, 지금까지도 나를 지탱해 주고 있다.

해외도전에 앞서 대부분 학교 랭킹이 높은지, 한국 사람이 많이 있는지를 제일 먼저 따진다. 하지만 유학을 하며 매일, 매 시간, 매 초를 채우는 것은 바로 친구들이다. 친구가 곧 멘토이고 가족이 된다. 그렇기 때문에 좋은 인연을 사귀는 것이 아무리 강조해도 지나치지 않을 만큼 중요하다. 흔들리고 불안한 낯선 땅으로 착륙에서 당신을 잡아줄 수 있는 안전벨트가 바로 친구인 것이다. 좋은 친구가 좋은 유학을 만든다. 입학 후 학기 초에 누구나 정신없이 마음 맞는 그룹을 형성해 나가기에 바쁘다. 이때 우연히 어울리게 되는

❀ 김승혜의 해외도전 청춘상담소

만리장성에서 케이른, 나,
애슐리, 레이철, 파티마, 데니얼.

대학교 1학년 기숙사에서 만나 십년째
서로 얽히고 설킨 덩쿨처럼 자란 친구들.
귀엽고 순수한 지은이와
꿈은 쟁취하는 것이라는 사실을 보여준 소윤이
그리고 대학교 4년 내내 나의 룸메이트
자매처럼 곁을 지켜준 혜선이.

그룹이 짧게는 유학 시기와 길게는 앞으로의 인생을 결정하는 것이다.

웃는 모습이 예쁜 방희가 있었다. 대학교에 들어와 우연히 과시욕이 강하고 시기와 질투가 많은 아이들과 어울리게 되었다. 무엇이든지 자신들이 최고로 쿨하다고 인정받기를 좋아하는 사람들과 어울리니 재미있었다. 그렇게 방희도 이 아이들과 어울리며 화려한 라이프스타일에 눈을 뜨기 시작했다. 성대한 파티나 어마어마한 금액의 외제차도 쉽게 접했다. 자연스럽게 사치스러운 씀씀이와 화려한 생활에 빠졌다.

처음에는 방희도 별 문제가 없다고 생각했다. 그러나 24시간 붙어 다니는 친구들의 입김에 자기도 모르게 이상하게 변하고 있는 스스로를 발견했다. 방희는 의리를 외치는 친구들 틈에서 고민에 빠졌다. 왜인지 모르게 불안함이 들었고 점점 신경질적으로 변해갔다. 어느 날 파티에서 친구들이 마약을 강요했을 때 퍼뜩 제정신이 들었다. 시간이 갈수록 하나 둘 씩 마찰이 생기고 친구들과 관계가 삐거덕 대기 시작했다. 인간관계나 성적, 그녀의 전반적인 대학생활 전체가 뿌리째 흔들리기 시작했다. 그렇게 전쟁 같은 대학생활이 끝나자 방희와 친구들은 더 이상 서로 연락도 주고받지 않는다. 그녀는 자신의 대학생활을 돌아보며 친구들에 휩싸여 끌려 다닌 어리석음을 원망하기도 했다.

이민자는 처음 공항에 자신을 데리러 와 준 사람을 따라 일자리를 얻게 된다고 한다. 하물며 미숙한 젊은이^{혹은 학생}들에게 주변 사람이 미치는 영향이 얼마나 크겠는가. 사람을 잘 사귀어야 낯선 땅에서 적응도 잘 할 수 있다. 서로가 서로에 의지하며 하나의 끈으로 묶이는 것이 유학 시절의 친구들이다. 자신을 성장시키고 자신에게 긍정적인 영향력을 미치는 사람들과 가까이 하라. 자신의 못난 모습까지 보여줄 수 있는 게 진짜 친구이다.

그 추운 겨울 날 길고 긴 눈길을 나와 같이 걸어줘서
집 밥이 그리운 날 고추장 슥슥 비빈 밥 한술을 같이 해줘서
목 놓아 울던 날 내 옆을 아무 말 없이 지켜줘서
고맙다, 친구야.

당신을 죽이지 못하는 어려움은
당신을 강하게 만들 뿐이다.

외국생활과 여행에서
조심해야 할 것들

혼자 해결하는 법을 배워라

한번 해 보겠다는 결심으로 양손을 진흙에 망설임 없이 담글 때
비로소 인생을 개척해 나갈 수 있는 열쇠를 찾을 수 있다.

다 큰 어른이 화장실에 혼자 못가겠으니 같이 가자고 말한다. 무슨 트라우마가 있을까? 그런 경우라면 어쩔 수 없겠지만 이런 부탁을 당연하게 생각하는 사람을 보면 나도 모르게 눈살이 찌푸려진다. 이런 말을 하는 사람은 그 사람의 됨됨이나 능력과 상관없이 딱지가 붙는다. 내 머릿속에 그 사람은 화장실 하나 못 가는 사람으로 낙인이 찍혀 버린다.

해외에서 살아남기란 타지에서 자취하며 자신의 삶을 전반적으로 책임지는 것을 의미한다. 생활을 꾸려 나가기 위해 모든 것을 혼자 힘으로 해결해야 한다. 빨래, 장보기, 요리, 청소, 생활비 관리, 은행 계좌 관리, 수표 발행, 가구 쇼핑, 집 세 놓기, 이사, 집 계약,

정수기 렌트, 차 관리하기, 운전, 돈 벌기, 보험비 지불, 건강관리 등등……. 어디 이 뿐인가? 기숙사에서 세탁기 차지하려고 눈치싸움하기, 소음으로 이웃과 싸움하기, 잘못 청구된 카드 값을 따지기, 집에 세 준 사람과 보증금 협상하기 등 싸움닭이 되어야 하는 경우도 허다하다. 그것도 외국어로 말이다!

한 가지 재미있는 것은, 영어로 말다툼을 하면 실력과 자신감이 놀라 보게 향상된다. 감정이 격해지면 물불 안 가리고 쏟아 부어야 하기 때문에 평소의 머뭇거리던 영어와 차원이 다른 유창함이 쏟아진다. 종종 언성이 높아질 일이 있을 때, 줄줄 나오는 내 영어에 놀라곤 했다. 내가 시원하게 할 말 다 쏟아 부으며 전화통화로 문제를 해결하고 오면 친구들 역시 감탄을 연발했다.

이 보다 더한 일에도 다 혼자 해결해 나가야 한다. 현실적으로 문제에 대응하고 실속을 챙겨야 한다. 그 이유는 간단하다. 여기는 나를 대신해 문제를 해결해 줄 수 있는 사람이 아무도 없기 때문이다. 그러는 과정에서 미처 몰랐던 내 안의 불굴의 의지와 잠재력이 튀어나오는 기적 같은 순간도 있었다.

한 번은 놀라운 설득력을 발휘해 위기를 모면해 전화위복으로 상황을 만든 적이 있다. 졸업하기 마지막 해에 수강신청을 잘못 하여, 전공과목 수업 중 가장 고차원의 세미나 수업이 등록되지 않은 상태였다. 그러나 이미 학기가 시작하고 2주 수강신청 마감 시기였다. 너무 늦게 이 사실을 알았고 그 시점에서 할 수 있는 것이 별로 없었다. 이 실수 때문에 졸업이 늦어질 수도 있는 상황이었다. 예기치 못했던 상황에 머리가 지끈지끈 아파왔다. 한 학기를 더 다니게 된다면 학비며 집 문제는 또 어떡하나? 눈앞이 깜깜해졌다.

그러나 아무도 나의 이런 딱한 사정을 받아주려고 하지 않았다. 이런 수업은 적어도 한 학기 이전에 교수님과 이미 상의해야 했다. 또한 세미나 수업은 수준이 매우 높기 때문에 이전에 이에 관련된 여러 가지 배경 수업을 들은 경험이 있어야 참여할 수 있다. 안일하게 당연히 전공대로 서양미술사 세미나 수업에 들어가 있다고 믿고 재차 확인하지 않은 내 실수였다.

그러나 풀이 죽은 것도 잠시, 살 길을 찾아야 하지 않겠는가! 이번 학기에 열린 세미나 수업의 교수님들을 모두 찾아뵈었다. 가능성이 보이는 수업 두 개를 추렸다. 아무리 사정을 해봐도 '이미 늦었다' 는 말씀뿐이었다. 그러면 청강이라도 참여하게 해달라고 끈질기게 매달리자 한 분이 가까스로 허락해 주셨다.

"You can audit the class. But that doesn't mean that you are in. So be it. 청강을 하는 것은 허락해 주마. 그러나 수업에 아예 들어올 수 있다는 것은 아니니 그렇게 알아라."

미국 사람들은 모든 것이 확실하고 원리주의적인 성향이 강하다. 하지만 나는 이대로 포기할 수 없었다. 나만의 방식대로 상황을

삐걱대는 침대 하나와 책상이 주어진 기숙사. 혜선이와 나는 여기서 소형 냉장고를
갖다놓고 전기불판으로 음식을 만들어 먹으며, 이 냉기 어린 곳을 따뜻한 삶의 온기
로 채워나갔다.

움직여 보기로 했다. 수업에서 교수님과 반 전체를 감동시킬 작전을 짰다. '열정으로 인정을 구하라!' 작전이었다. 나를 안 받아주고는 못 베길 만큼의 열정을 보일 작정이었다. 우선 완벽하게 예습을 해서 철저하게 토론을 준비해 갔다. 그리고 수업 시간이 시작되면 몸을 바싹 세우고 눈이 튀어나갈 것처럼 교수님을 바라보며 눈을 맞췄다. 그러는 내 모습이 아마 부담스럽기까지 했을 것이다. 모든 토론에 적극적으로 참여하고 열띤 논리를 펼치자, 학생들과 교수님 모두 나에게 몰입되기 시작했다. 나의 참여가 반 전체에 도움이 될 수 있음을 확실하게 어필했다. 분위기가 내 쪽으로 기우는 것을 느낄 수 있었다. 깐깐하고 차가워 보이는 교수님도 '제법이네' 하는 표정이었다.

수업 후 교수님이 졌다는 듯이 웃으며 말씀하셨다.

"You are so persistent. So persuasive! There are many students like you trying to get in the course in very last minute. But I said no to all. This time, you won. You are the only one. I will write this on your recommendation later if you are planning to go to graduate school. 너 정말 고집스럽구나. 설득력이 아주 강해! 막판에 이 수업 들어오겠다고 애원하는 학생들이 몇 있어. 다 안 된다고 했지. 이번에는 네가 이겼구나. 유일하게 너만 허락하는 거다. 나중에 대학원 진학을 할 거라면, 이 이야기를 추천서에 써 주마."

수업에 들어올 수 있도록 허락해 주신 것도 과분한데 먼저 내 추천서를 써주시겠다고? 날아갈 듯 기뻤다. 그래서 중국미술사 수업의 전력이 한 번도 없던 ^서양미술사 전공자인^나는 중국 현대미술사 세미나 수업을 듣고 졸업을 하게 된다. 매우 드문 케이스이다. 다행스럽게도 나는 예정대로 졸업을 할 수 있었다. 그리고 그 후 교수님은 나를 위해 훌륭한 추천서를 써 주기까지 하셨다.

무엇이든 혼자 해결하겠다는 용기를 약하게 하는 가장 큰 방해꾼은 소심함이다. 어릴 때에 나는 약해 보이고 소극적인 사람을 보면 도와주고 싶은 마음이 들었다. 친구가 '나 이거 못해.', '나는 소심해서 못해.' 이렇게 말하면 자연스럽게 옆에서 하나 둘씩 도와주게 되었다. 예전부터 알고 지내던 소심쟁이 친구 하나를 며칠 전에 만났다. 하버드에 가서 석사 교육 프로그램까지 하고 온 친구였다. 카운슬러가 꿈인 그녀는 지금 구직 활동을 하는 중이었다. 하버드에 대한 이야기가 궁금해 여러 가지를 묻자, 그녀는 의외의 말을 했다.

"하버드? 나는 별로였어. 사람들이 뭉치지도 않고 각자 공부만 하니 재미가 없더라. 사실 하버드에서도 카운슬러 일을 할 기회가 있었는데 나는 참여하지 않겠다고 했어. 너도 나 소심한 거 알잖아. 영어도 못 하고 부담스러워서 안 한다고 했어."

캄보디아를 혼자 여행할 때 찍은 사진. 미지의 세계를 향해 용기있게 나아가
는 자만이 자신의 인생을 개척할 열쇠를 찾을 수 있다.

"카운슬링은 네가 가만히 앉아서 잘 들어주기만 하면 되는데, 영어랑 무슨 상관이야?"

집에 돌아오는 길에 드는 생각이었다. 소심함이란 얼마나 편리한 방패막인가! 미래를 위한 도전, 사랑에 대한 고백, 자신의 가능성을 확인해 보는 용기 등 이 모두가 쉬이 엄두나지 않는 일들이다. 그래서 소심함 뒤에 숨어 버리고는 한다. 하지만 그 방패막은 그리 튼튼하지 않아 금방 구멍이 나고 만다. 어렸을 때는 혼자 아무 것도 못하는 것이 용인될 수 있지만, 나이 들며 상황이 달라진다. 더 이상 주변에서 도움의 손길을 내 주지 않을 것이다. 적극적이지 못한 태도는 결국 자신의 발목을 잡게 된다.

영어에 'Get your hands in mud. 진흙에 손 담그라.' 는 표현이 있다. 궂은일도 마다하지 않고 적극적으로 나서야 문제를 해결할 수 있다. 누구는 태어날 때부터 소심함을 가지고 태어나고 누구는 적극성을 가지고 태어나는 것이 아니다. 한번 해 보겠다는 결심으로 양손을 진흙에 망설임 없이 담글 때 비로소 인생을 개척해 나갈 수 있는 열쇠를 찾을 수 있다. 자기 힘으로 자기의 인생을 책임질 수 있어야 한다. 모든 일을 혼자 해결해 보겠다는 마음가짐으로 매사에 임해 보는 것이다. 그러면 이 험난한 세상을 헤쳐 나갈 때 필요한 용기와 불굴의 의지가 솟구쳐 오르는 것을 느낄 수 있을 것이다.

유쾌하게 고군분투하라

보물 같은 추억이 과연 올 A 성적표와
그 가치를 견줄 수 있을까?

:

● **외국인들이** 바라보는 한국은 어떤 모습일
지 궁금했다. 그래서 종종 친구들에게 물어보곤 했다.

"한국 하면 떠오르는 것을 말해봐."

"바쁘다?"

"또?"

"심각하다."

외국 친구들에게 물어보면 이런 대답이 먼저 나온다. 한국 사람
들이나 K-POP, 영화를 보고 느낀 한국인들에 대한 인상이다. 우
리는 원래 흥도 많고 멋도 많은 민족인데 어쩌다 이렇게 지루하고

딱딱한 얼굴을 가지게 된 것인지 싶다. 여유 있게 즐기는 미국인 틈에서 당연히 한국인의 진지하고 경쟁 중심인 성향은 도드라진다. 사실 미국 학생들 중에서도 성실하게 학업에 열중하는 사람이 많다. 단지 그들은 여유 있는 일상을 즐기며 운동과 파티도 열심히 할 뿐이다.

어렸을 때 '공부하라'는 말이 제일 듣기 싫었다. 공부하는 척하고 책상에 앉아서 만화를 끄적이며 상상의 나래를 펼치고는 했다. 공부를 해야 성공하고 행복하게 되는 것일까? 대한민국 대표 SNS 기업 카카오의 김범수 의장은 한 인터뷰에서 청춘들에게 이런 조언을 했다. 무조건 악착같이 살지 말고 좋아하고 즐길 수 있는 일을 다른 관점에서 바라보라고. 너무 그 일이 좋아서 미쳐서 몰두할 때 시간이 가는 줄을 모르고, 배고픈 줄을 모른다. 그런 일 말이다! 그는 이것이 성공의 비결이라고 했다.

요즘은 악착같이 공부를 하고 근면 성실하게 일하는 것만으로 보장되는 것이 적다. 수많은 직장인들은 일에 허덕이고 카드빚을 막으려는 쳇바퀴에서 벗어나지 못한다. 그들에게 '삶의 만족'이나 '꿈'이라는 말은 두루 뭉실 구름처럼 좀처럼 잡히지 않는 허상에 불과하다.

어둡고 신비스러운 분위기가 감도는 무대 위에서 뿜어 나오는 카리스마와 민첩한 손놀림으로 열연하는 마술사 이은결. 무대 위에서 그는 거인처럼 보인다. 그는 무대에서 관중들을 압도해 버린다. 그로부터 뿜어져 나오는 에너지와 신비로운 마술에 홀려 관중은 무대에 빠져 든다. 그는 이렇게 고도로 완성된 마술 연기를 연마하기까지 엄청난 시간을 연습에 기울였다. 한 인터뷰에서 그는 연습을 연습이라고 느낀 적이 없을 정도로 몰입했다고 했다. 어떤 일이건 즐기고 있는 사람을 당할 자는 아무도 없지 않은가. 즐겁게 일에 미쳐야만 그 분야의 최고가 될 수 있다.

꿈의 직장이라고 불리는 세계 최고의 검색 엔진 구글사는 놀이동산처럼 지어진 것으로 유명하다. 다양한 플레이 존에서 편안하고 자유로운 분위기가 조성된다. 직원들은 놀이동산 같은 수십 개의 건물을 자전거로 오간다. 또한 식당은 세계 각지에서 온 백여 명의 요리사들이 다양한 요리를 선보인다. 이러한 분위기는 직원들의 자유롭고 창의적인 사고로 이어진다. 자연스럽게 그 안에서 창의적인 아이디어, 번뜩이는 아이디어가 떠오르는 것이다. 이것이 구글을 세계 최고의 기업으로 키운 원동력이 아니었을까.

즐거운 분위기와 창조적인 힘의 연관관계를 중요시한 세계적인 기업가가 또 있다. 중국 최대 온라인 쇼핑몰 알리바바의 마윈 회장은 회사 창립 기념 15주년 파티에서 우스꽝스러운 여장을 하고 노래를 부르는 퍼포먼스를 선보였다. 우리나라 대기업의 근엄하고 카리스마 있는 CEO 이미지와 크게 상반된 모습이다. 마윈은 즐겁게

대학교 1학년 할로윈 파티. 위스콘신 메디슨은 떠들썩하고 화려한 할로윈 파티로 유
명했다.

일할 때 최고의 능률이 오른다고 믿었다. 그래서 그는 즐거운 기업 문화를 조성하는 데 노력을 아끼지 않는다.

나 역시 유학 생활 내내 항상 힘든 일만 있었던 것은 아니다. 웃을 일, 재미있는 일도 많았다. 무료한 사막 같은 여정에서 웃음이야 말로 가장 건강하고 효과 있는 진통제이자 단비가 아니겠는가. 가만히 앉아있는데, 재밌는 일이 생기는 것이 아니다. 적극적으로 나서서 재미있는 일을 만들어 나가야 한다는 것을 기억하기 바란다. 잘 놀고 웃고 즐기는 것만큼 중요한 것이 또 있을까? 의외로 놀다가 일이 풀리는 경우가 많다. 사람들과 어울리다가 좋은 정보나 멋진 기회를 얻고 마인트컨트롤에 크게 도움이 되기도 한다.

뭐든지 어수룩하고 미흡했던 첫 해, 그래도 스테이시가 있어서 하루하루 재미있게 지낼 수 있었다. 그녀와 방과 후 간식도 먹고 운동도 같이 하며 즐거운 시간을 보냈다. 함께 놀며 영어를 배우고, 그 애를 통해 미국 십대의 문화를 봤다. 그녀는 항상 금요일마다 놀러 갈 때 친구가 없는 나를 억지로라도 데려가고는 했다. 나는 정말 지나치게 숫기 없고 빼는 재미없는 애였다. 그래도 그녀 덕분에 금요일마다 롤러스케이트장에 가서 다른 아이들도 만나고 어울리려고 노력해 볼 수 있었다.

이렇게 만들어 나가는 추억은 값어치를 환산할 수 없을 만큼 소중하다. 하루는 스테이시와 누워서 낄낄대며 수다를 떨고 있었다.

스테이시가 나를 보며 장난기 어린 얼굴로 말했다.

"Sue, booger on your nose! 수 코에 '부거' 가 있어."

"What is 'booger'? 부거 가 뭔데?"

"It is a green thing on your nose. 코에 있는 초록색 그것 있잖아."

코에 있는 초록색의 그것이라고? 나는 코피지를 이야기 하는가 싶어서 넉살스럽게 받아 쳤다.

"Oh, I have a lot of them! 오, 나야 그거 아주 많지!"

　스테이시는 갑자기 박장대소를 터뜨리더니 한참이나 자지러지게 웃었다. 그러다 겨우 내게 거울을 보여줬다. 세상에나! 내 코에 큼지막한 코딱지가 방긋 웃으며 앉아 있었다. 우리는 둘 다 웃음이 크게 터졌다. 그렇게 배운 단어는 절대 잊지 못한다. 영어로 코딱지라는 단어를 배울 기회는 그리 흔치 않기에! 스테이시와 함께 웃고 이야기꽃을 피운 그 시간들이 아직도 가슴에 아름답게 새겨져 있다.

　가끔 스트레스 풀고 느슨하게 즐길 수 있는 순간이 없다면 팍팍한 생활 속에서 숨통이 조여오지 않았을까? 대학교에서 가끔은 친구들과 함께 예쁘게 차려 입고 댄스파티에 가서 흥겹게 춤을 추고 오기도 했다. 친구들과 삼삼오오 모여서 서로 옷을 번갈아 입어가며 최고 의상을 고르고 더딘 화장을 해나간다. 고대기를 가져온 친

할로윈 때 한껏 멋을 부리고 치장한 혜선이와 나. 우리는 대학 시절 내내 함께한 룸메이트이다. 자매처럼 친구 그 이상의 존재로 서로에게 의지가 되 주었다.

구 하나는 어느새 헤어드레서로 변신해서 멋진 웨이브를 넣어 준다. 이렇게 우리는 시험의 압박도 잊고 잠시 다른 사람이 된 듯 한화려한 상상에 빠졌다. 멋지게 자신감이라는 옷을 차려 입고 잠깐이라도 일탈을 할 수 있었다. 한바탕 난장판이 된 집을 나서 클럽으로 향할 때 젊음의 열기로 추운 날씨도 잊는다. 쿵쿵 울려대는 음악을 따라 심장이 빠르게 뛰기 시작한다. 아드레날린과 열기가 몸속으로 쫙 퍼진다. 어두운 클럽에 화려한 조명과 신이 난 사람들이 가득하고 우리는 슬슬 리듬을 탄다. 순진한 천사 표 나경이는 심취해서 심오한 춤의 세계에 빠지고, 숫기 없기로 유명한 혜선이는 클럽에만 들어가면 돌변해서 무대를 휘젓고 다녔다. 나도 빠질 세라 열심히 흔들고 웃다 보면 어느새 스트레스가 날아갔다.

또 한 번은 다 같이 봄방학에 플로리다를 가기로 했다. 학교 근처의 여행사에서 플로리다까지 버스 투어로 가는 프로그램을 찾았다. 미국 중부의 최상단 위스콘신에서 동부하단의 플로리다까지 장작 19시간이나 걸리는 대장정 버스 투어였다. 그만큼 저렴하기도 했던 그 버스투어에 나와 친구들 여섯 명은 용감하게 몸을 맡겼다. 출발부터 신난 학생들의 환호성과 노래로 버스가 들썩였다. 드디어 도착한 플로리다의 따뜻한 날씨가 우리를 맞아주었다. 호텔도 각지에서 놀러온 학생들의 열기로 후끈 달아올라 있었다.

도착하자마자 우리는 우연히 MTV 폼 파티 광고를 발견했다. 우리는 한껏 들떠 있었다. 사실 우리는 술 마시는 친구가 거의 없어 음주가무 문화에 매우 취약하다. 학교에서 하는 파티나 몇 번 가 본 게 전부이다. 제대로 멋진 클럽이나 파티에 가본 적도 없었으니 기대감으로 잔뜩 부풀어 올랐다. 열정의 플로리다! 젊음으로 후끈 달아오른 봄방학 시즌이 아닌가? MTV에서 하는 빵빵한 규모의 폼 파티라니! 이보다 더 뜨거운 봄방학이 있을까 가슴이 콩닥거렸다.

부푼 마음으로 도착한 MTV 폼 파티는 말 그대로 진풍경이 펼쳐지고 있었다. 댄스홀에 잔뜩 풀어 놓은 거품 덩어리가 신명나는 음악에 들썩이고 있었다. 멀리서 눈에 들어오는 큰 거품 덩어리와 사람들의 끈적거리는 춤사위에 입이 헤벌쭉 해졌다. 그런데 막상 가까이 다가가자 우리의 입은 떡 벌어지기 시작했다. 경악스러웠다! 인생에 반전이 없다면 무슨 재미가 있을까. 멋지고 섹시한 성인들의 파티가 아니었다. 중학생 정도 되는 아이들 몇 십 명이 엉겨 붙어 거품 속에서 몸을 비비적거리고 있는 것이 아닌가? 뮤직 비디오에 나오는 섹시한 장면 흉내를 내고 있는 것 같았다. 막 시작한 2차 성장의 호르몬이 넘쳐흘렀는지 아니면 풋내기들의 엉거주춤한 춤사위가 영 어색했는지 그 꼴이 대단히 우스웠다. 그 별난 모양새에 우리는 감히 끼어들 엄두도 나지 않았다. 멋지게 춤을 추며 중학생을 유혹할 수도 없고 가만히 있을 수도 없는 이 상황이란! 우리는 웃음만 나왔다. 결국 30분 정도 엉거주춤 댄스를 시도하다가 돌아왔다. 그 여행을 함께한 우리 여섯에게 이 황당한 에피소드마저 잊지 못할 추억으로 영원히 간직될 것이다.

이런 단비 같은 순간들이 없었다면 치열한 공부와 외로움과의
싸움을 잘 마무리할 수 없었을 것이다. 유쾌하게 고군분투해라! 빼
지 말고 제대로 한 번 미친 듯 놀아보는 것이다. 친구들끼리만 아는
보물 같은 추억이 과연 올 A 성적표와 그 가치를 견줄 수 있을까?
우수한 성적과 성실한 하루 일과는 기본이다. 그리고 신변의 안전
을 위해 믿을 수 있는 친구들과 동행해야 한다. 어떤 상황에서도 불
건전한 유혹의 손길에 휩쓸리지 않는 것은 당연히 지켜야 할 기본
사항이다. 부디 '신변의 안전'이라는 말에 주의하도록 하기를 바란다. 무책임하게 취해서 자신
을 보호할 수 없는 상황은 곤란하다. 가끔은 제대로 즐기고 놀며 숨통을 트여준
것이 내 유학 성공의 열쇠였다고 할 수 있다. 유쾌한 고군분투만이
이 척박한 땅에서 희망이 주는 멋진 오아시스가 될 테니!

해외도전의 성공 여부가
방학에 달려있다

남들과 비슷비슷한 스펙이 아니라 진정한 내실을 단단히 다지고 싶다면
방학이라는 황금찬스에 주목해야 한다.

· · ·

처음 강사가 되었을 때 가르쳤던 고등학생들
이 이제 커서 대학생이 되었다. 미국, 호주, 캐나다, 필리핀, 중국,
세계 방방곡곡에서 씩씩하게 커 나가고 있다. 미래를 이끌 새싹들
이자 세상의 주역들이다. 그 싱그러운 모습에서 나의 과거를 본다.
그런 학생들과 SNS로 꾸준히 연락하고 얼굴을 보기도 한다.

"쌤~ 우리 언제 봐요? 빨리 보고 싶어요. 밥 사 주세요!"

이런 애교 섞인 전화에 못이기는 척 나가면 내심 기쁘기 그지없
다.

"너 선생님이 한국에 그냥 들어와서 이렇게 놀고 다니지 말랬
지? 저번에 무슨 캠프에 참여한다고 하지 않았어? 방학 때 뭐라도
엄청하고 다녀야 한다니까, 한국은 왜 왔어? 한국에서 이번 여름 방

학에 뭐 할지 한번 계획을 같이 짜보자."

막상 만나면 이것저것 알려주고 싶은 마음이 굴뚝같아 잔소리가 시작된다. 이 아이가 더 멋지게 더 후회 없이 이 여정을 마무리 짓고 왔으면 하는 바람이다. 이 아이가 험난한 바다에서 돌아올 때 한 뼘 더 성장한 모습으로 돌아 왔으면 좋겠다. 일부 독자는 생각할 것이다. 유학생이 방학 때라도 집에 와 쉬는 것이 당연하지 무슨 소리 하는 거냐고? 천만의 말씀이다. 유학생들에게 방학이야말로 일 년 중 가장 바빠야 할 시간이다.

철이와 현석이라는 아이들이 있다. 둘이 어렸을 때부터 죽마고우였는데, 각자 유학을 갔고 방학마다 어울린다. 둘은 대학 입시를 위해 토플 학원을 같이 다니는 중이다.

"아 현석아, 하루 종일 학원에서 공부만 하니깐 지루하다. 이따 끝나고 뭐 할래?"

"좀이 쑤셔……. 엄마가 다니라니깐 다니는데 공부하기 싫다, 답답하고. 애들이나 부르자. 술이라도 진탕 마셔야지. 나 어제 아빠가 준 용돈 있어."

"그래, 술을 아예 늦게까지 먹고, 우리 찜질방이나 한 번 가보자. 다 같이 가보면 재미있을 거야."

"사람들 만나느라고 매일 너무 바쁘지 않냐?"

"사람들 만나야지, 일 년에 한 두 번 보는데. 부모님도 친구 만나고 다니라고 용돈 넉넉하게 주시더라."

이렇게 하루하루, 일주일 이주일, 몇 달이 금방 가 버린다. 방학이 후딱 지나가고 나면 토플 준비는 한 것도 아니고 안 한 것도 아니다. 딱히 머리나 가슴에 남을 만한 기억이 없다. 다음 해 여름방학에 둘이 또 만났다.

"철아, 우리 지난 여름에 뭐했지?"
"몰라, 그냥 논 것 같은데……. 뭔가는 한 것 같은데 기억이 안 난다."

나도 저런 식으로 방학 때 사람을 만나러 다니기가 일쑤였다. 그런데 지나고 보니 그렇다. '내가 그 때 알았더라면 좋았을 걸.' 하는 것들이 있다.

어렸을 때는 최고라고 생각한 친구들이 언제까지나 곁에 머물러 주는 것이 아니다. 영원할 줄 알았던 우정이 영원하지 않더라. 어린 나이는 친구가 최고다. 같이 있으면 재미있고, 말도 잘 통한다. 또한 나를 제일 잘 알아주는 것 같은 사람에게 의리를 지키는 게 가장 중요하다고 여기곤 했다. 나도 방학 내내 사람을 만나러 다니며, 외국에 나가 있는 공백을 메우려 했다. 인맥 관리가 중요하다고 생각했기에 소홀해질 수 있는 관계에 더욱 많은 신경을 썼다. 약속을 잔뜩 잡고 정신없이 사람들을 만나다 보면 그렇게 방학이 금세 지나가 버렸다.

그런데 지나고 보니, 그 중 지금 내게 남아 있는 인맥은 고작 몇 명뿐이다. 지금은 내 또래들은 모두 자기 인생을 살기에 바쁘다. 인맥관리를 위해 귀중한 시간과 돈을 투자했는데 왜 이제 의미 없는 만남처럼 느껴지는 것일까? 친구란 의식 수준과 경험이 고만고만한 또래인 경우가 대부분이다. 당신을 자극시키거나 성장시키기 보다는 신세 한탄을 하거나 고민을 공유하는 것이 전부일 때가 많다. 그런 친구들과 있으면 마음이 편하고 위안을 얻는 것 같다. 그런데 한 성공학 강의에서 들은 친구의 정의가 가히 충격적이었다. 가장 친한 친구 다섯을 꼽아 그들의 사회적인 척도를 평균내보면 그게 바로 나 자신이다.

한번 얼마 전에 만난 친구들과의 시간을 회상해 보자. 신세 한탄에 중점을 둔 대화를 긴 시간동안 나누는지 않았는가? 이성 친구 문제와 불안한 미래가 대화의 가장 중요한 주제이지 않았나? 혹은 과거를 회상하며 추억팔이를 하거나 남 이야기를 하는데 많은 시간을 허비하지는 않았는가? 대화의 방향이 현실을 개선하거나 미래를 건설하기보다 과거나 불만 혹은 타인에 초점이 맞춰져 있다. 우리는 다들 미약하고 불안한 애송이들이기에, 청춘이기에 당연한 것이다.

그러다 졸업이 다가온다. 거창한 미래가 펼쳐지기를 기대했건만 세상은 만만치 않다. 해외도전을 마치고 대부분 귀국한다. 외국이나 한국이나 취업난이 심각한 것은 매한가지이다. 이제 학생 신분도 아닌데, 부모님에게 손 벌리기가 민망하기 그지없다. 게다가 주변에서 '유학까지 다녀온 네가 얼마나 잘 되나' 하고 지켜보는 시선이 느껴진다.

본인도 이상과 현실의 괴리를 느끼곤 했다. 외국 땅에서 학위와 유창한 외국어 실력까지 다져 왔는데, 어느 곳 하나 구직 상황은 만만하지 않다. 화려하고 진취적인 커리어를 꿈꾸었는데, 현실은 어디 하나 자리를 구하는 것 자체가 하늘의 별따기이다.

어렵게 구한 직장에도 상황은 그렇게 크게 다르지 않다. 피 튀기게 들어간 직장에서 복사, 커피 타기 업무부터 지루한 번역 일이나 서류작업이 쥐어진다. 이러한 회사생활에 의미를 찾고 잘 적응하면 그나마 다행이다. 수많은 젊은이들이 목적의식 없이 입사한 직장이 맞지 않는 이유로 흥미를 잃고 떨어져 나간다. 그들은 또 다른 자리를 기웃거린다. 일부는 이직하거나 또 다시 유학길에 오른다. 이게 과연 선택일까 도피일까?

그러다가 몇 년이 지나면 친구들 사이에 왠지 모를 서먹한 어색함이 감돈다. 결국 예전만큼 친구를 자주 만나게 되지 않는다. 간혹

고등학교 때 지역미술대회에 출품한 작품이 상을 받는 순간이다. 외로
웠지만 창의적인 일에 몰두할 수 있었다.

대학가 큰 길인 스테이트 스트리트. 이 길을 하루에도 수십 번 지나다
녔다. 젊음의 활기와 달콤한 흥분이 가득했던 추억의 장소이다.

들려오는 남 소식에 배 아픈 날도 있다. 어떤 놈은 버젓한 외국계 기업에 다니고 어떤 놈은 결혼을 기똥차게 잘 했고 어떤 놈은 사업을 차려 돈을 긁어모으고 있다더라. 이런 소리가 들려온다. 격차가 벌어지기 시작하는 것이다.

열심히 공부했고, 열심히 취직을 위해 노력했는데 무엇이 어디부터 잘못된 것일까? 답이 바로 여기 있다. 꿈에 대한 진지한 고민과 계획을 세우지 않았던 것, 바로 그것이 지금 당신의 방황의 이유이다. 그렇기 때문에 방학에 꿈 공부, 진짜 세상 공부를 해야 한다. 그러므로 방학이라는 시간을 낭비하지 말고 자신을 미래를 위해 진지하게 탐험 해야 한다.

남들과 비슷비슷한 스펙이 아니라 진정한 내실을 단단히 다지고 싶다면 방학이라는 황금찬스에 주목해야 한다. 학교생활은 거의 다 비슷하다. 한정된 시간 안에서 학교에 묶여 있기 때문에 성적을 잘 받으면 최고이다. 그러나 방학은 다르다. 시간, 장소, 상황이 천차만별 달라질 수 있다. 여름방학은 삼 개월 가량이나 되며 겨울방학은 한 달이나 된다. 결코 짧지 않은 시간이다. 나의 7년 유학 동안 방학을 계산해 보니 자그마치 21개월, 약 2년이나 된다. 미리 어떤 모험을 할지 방학 계획을 짜야 한다. 색다른 더 큰 경험을 위해 발빠르게 움직여야 한다. 알차게 방학을 쪼개서 홍콩에서 인턴을 해보고, 스페인으로 어학연수를 가보고, 아프리카로 봉사활동을 가볼 수도 있다. 그리고 세계적인 발명대회나 이색캠프에 참가해보고! 또 가족들과 평생 잊지 못할 여행을 가볼 수 있으며 혼자만의 의미 있는 여행을 떠날 수 있다. 눈을 돌려 보면 무궁무진한 기회가 열려 있다. 견문을 넓히고 의식을 확장시킬 최고의 기회이다.

그럼에도 불구하고, 많은 사람들이 아직도 고리타분한 생각에 묶여있다. 내가 회사에 다녔을 때, 가끔 전무님은 유학간 자녀 걱정을 늘어놓곤 했다.

"승혜야, 내 아들이 철이 없어 걱정이다. 매일 거기서 놀러 다니기나 하고, 공부도 잘 안 하는 것 같더라. 그 새끼 뭐가 될라고. 이번 여름에는 들어오지도 않는다고 하더라."

공부를 안 한다는 것은 둘째 치고, 나는 여행 다니는 그가 현명하다고 생각했다. 한국에 들어와 딱히 특별한 계획이 없다면 시간은 어영부영 간다. 차라리 그 시간에 비용이 더 들더라도 여행을 다니며 사고의 폭을 넓히는 것이 시간과 기회를 제대로 활용하는 것이 아닌가. 더 큰 세상을 볼수록, 나의 세상이 전부가 아님을 깨닫게 될 것이다.

나의 방학은 나름대로 알찼다. 번지점프 도전으로 대학 입학 에세이를 쓰고, 중국 어학연수를 가고, 나 홀로 유럽여행이라는 산을 넘고, 10번의 아르바이트 등 수많은 기회를 만들어 왔다. 더 크고 더 특별한 도전의 연속이었다. 그 안에서 생각지도 못한 자신의 모습을 발견하기도 했다. 한 번은 꿈의 직장이었던 미술품 경매 회사에서 인턴을 하며 이 일이 적성에 맞지 않는다는 사실을 발견하기도 했다. 우연히 하게 된 통번역 아르바이트를 통해 숨어있었던 나의 재능을 발견할 수도 있었다. 이렇게 방학에 도전한 아르바이트와 인턴 자리를 통해 나는 막연히 꿈꾸어 왔던 진로를 수정할 수 있었다.

외국에서 학생 신분으로 있다는 것을 200% 활용하라. 꿈꾸는 해외 인턴에 도전하고, 또 다른 모험의 세계로 연수 가거나, 평생 잊지 못할 대장정의 여행을 떠나거나, 괴짜 프로젝트를 진행해 세상을 놀라게 해 보자! 무궁무진하고 색다른 도전으로 마음껏 채워나갈 수 있다. 넓게 펼쳐진 황금빛 나래가 어디까지 뻗어나갈까? 다이나믹한 시간 안에서 당신의 그릇이 커질 것이다. 또 이는 꿈꿔왔던 소망을 실현시키는 데 한 발짝 다가가는 계기가 될 것이다. 더 나아가 앞으로 영원히 안고 갈 가치를 배울 수 있는 기회이기도 하다. 방학을 한 해의 최고의 하이라이트로 만들어 보는 것이다. 황금빛의 추억을 남기길 바란다. 쓰디쓴 실패의 경험도 좋다. 더 큰 도전과 더 빛나는 경험이 있는 방학에서 해외도전의 성공 여부가 결정날 것이다.

안전한 배낭여행을 위한 체크리스트

수많은 변수가 따르는 것이 여행이다. 그것이 여행의 묘미이기도 하다.
용감하게 떠나되 현명하게 준비하고 지혜롭게 대처하길 바란다.

•

● 혼자만의 여행은 나를 만날 수 있는 온전한
자유의 시간이다. 진정한 자유를 만끽하게 될 것이다. 마음이 맞지
않는 벗과 대화를 이어나가야 하는 중압감도, 내키지 않는 시간의
틀대로 움직일 필요도 없다. 심심하다면 여행지에서 만난 사람들과
함께 여행하는 낭만까지 즐길 수 있다. 그리고 혼자 떠나는 두려움
을 극복한다는 묘한 성취감까지 맛 볼 수 있다. 해외생활로 다져진
강단과 언어라는 자신감으로 난 용기 낼 수 있었다. 처음에는 혼자
여행하려니 겁도 나고 지루했다. 그러나 혼자만의 여행을 거듭할수
록 그 매력에 빠지는 것 같았다. 무엇보다 내가 온전히 '나' 일 수 있
는 시간을 통해 한층 성장한 자아를 발견할 수 있었다.

혼자만의 여행은 스무 살 때 시작되었다. 고등학교 친구인 영을

만나기 위해 유럽으로 날아갔다. 겨울방학에 이탈리아, 프랑스, 스위스를 돌아다니는 유럽여행이라니 꿈만 같았다. 먼저 같이 이탈리아와 프랑스를 여행한 후 각자의 길로 흩어질 계획이었다. 영은 학교로 돌아가고 나는 스위스를 혼자 여행했다. 풋내기 스무 살에 처음 도전하는 혼자만의 여행. 나는 사실 두렵기도 하고 서툴기도 했다. 이렇게 나 홀로 여행의 첫 경험에서 좌충우돌 크고 작은 일들이 있었다. 이 경험을 바탕으로 더욱 대담하고 씩씩해질 수 있었다. 이후에 나는 캄보디아와 중국으로 혼자 떠나기도 했다. 그러면서 안전한 여행을 위한 나만의 가이드라인이 생겼다.

안전한 여행을 위한 체크 리스트 첫째, 여권과 학생비자 서류이다. 너무 당연한 말이라고 가벼이 여길 수도 있지만 실제로 얼마나 많은 이들이 이 두 가지를 소홀히 하는지 모른다. 이는 나의 경험담이기도 하다. 나는 해외에 수십 번 다녀왔지만 한 번은 아예 이를 간과해 버렸다. 깜빡 하고 여권 만료일을 미처 확인하지 않아 출발 전 공항에서야 육 개월이 채 남지 않은 만료일을 발견했다. 운이 좋아 출국할 때도, 도착해 수속을 밟을 때도 걸리지 않았다. 하지만 입국 심사관이 서류를 검토할 때 갖가지 말을 붙여가며 얼마나 마음을 졸였는지 모른다. 꼭 여행 전 여권 만료일을 체크하도록 한다.

학생비자 서류의 중요성은 수백 번 강조해도 지나치지 않는다. 미국은 외국 학생들에게 I-20이라는 서류를 발행한다. 이 서류는 미국 학교 학생임을 증명하는 것으로, 외국에 갔다가 미국에 다시 들어올 때 꼭 필요하다. 스위스 여행을 무사히 잘 마치고 나는 미국으로 돌아오는 길이었다. 어제 알프스 산에서 용감하게 스키를 타다가 연거푸 구르는 바람에 입술이 피 멍으로 부풀어 올라 있었다. 온 몸이 쑤셔서 인상이 한껏 구겨진데다가, 얼굴도 멍으로 매우 사나워 보였다. 입국 심사대를 거치는 데, 얼굴을 의심의 눈초리로 살피던 심사원이 Ⅰ-20서류를 요구했다. 이 서류심사는 필수사항이다. 그제야 아차 싶었다. 최대한 애교 있게 설명하며 웃어 보였다. 멍이진 얼굴과 여권을 번갈아 보던 심사관은 차갑게 말 했다.

"You! This way! 너! 이쪽으로 가!"

어떤 방으로 끌려간 나는 자리를 잡고 순서를 기다렸다. 나 이외에도 사람들로 가득 차 있었다. 직원들이 냉정한 얼굴로 서류를 검토하고 있었다. 그때까지만 해도 느긋한 마음이었다. 별 문제 될 것이 없다고 생각했다. 그런데 내 앞으로 새치기한 수많은 이민자서류 검토가 먼저 진행되자 슬슬 인내심이 바닥나기 시작했다. 기다리다가 너무 늦어질 것 같아 내 순서가 먼저임을 이야기하러 앞으로 갔다. 차분하게 상황을 설명한 나에게 입국 심사관은 버럭 소리를 질렀다.

"Do you know where you are? Go back to your seat! I decide whether you can go back to America or not! If you want to go back, sit back and wait! Close your mouth! 너 지금 여기가 어디인 줄이나 알아? 네 자리로 당장 돌아가! 네가 미국으로 돌아갈 수 있는 지 없는 지, 내가 결정한다. 돌아가고 싶으면 자리로 돌아가 얌전히 기다려! 아무 말 하지 말고!"

매서운 호통에 사무실 전체가 움찔했다. 미국에 와서 이런 비인격적인 대우를 받아 본 것은 처음이었다. 나는 불법이민자가 아니라 엄연히 합법적인 절차에 의해 이 나라에서 교육 받는 학생이다. 하지만 공항 입국 심사원들에게는 귀찮은 외국인에 불과한 것이다. 그런 상황이 조금씩 파악되자 침이 바짝바짝 마르기 시작했다.

'내 태도가 불량하다고 서류 처리를 안 해 주면 어떡하지? 나는 영락없이 한국행이다. 아니, 이러다가 미국에 영영 못 들어가는 것인가?'

그제야 상황의 심각성이 파악되었다. 모범생으로 별 탈 없이 지내온 나는 미국에서 힘없는 외국인이라는 나의 위치를 재발견하고 얼떨떨한 충격에 휩싸였다. 학교라는 울타리 안에서 겪어 볼 수 없는 외국인에게 주어지는 냉혹한 현실을 짐작해 볼 수 있었다. 이와 같은 대우, 외국인에 대한 유리벽이 사회 곳곳에 숨어 있을 것이다. 나는 등을 펴고 자세를 바로 잡았다. 다행히 한참을 기다린 후에 무사히 심사는 끝났다. 학교에 돌아와 종이에 불과한 I-20 서류를 관할청으로 보내며 일은 마무리 되었다. 그 종잇조각의 가치에 대해 새삼 여러 가지 생각이 들었다.

둘째, 여행 시 절대로 범법행위를 하지 말 것. 이렇게 당연한 소리를 하는 이유는 범법행위를 저지른 외국인에 대한 잣대가 매우 엄중하기 때문이다. 자국민이 법을 어겼을 때와 달리 외국인이 법을 어겼을 때는 사소한 법규라도 벌이 무겁게 주어진다. 아무리 사소한 것이라도 법을 어기면 안 되는 것은 외국에 있는 모두에게 해당된다. 외국인이라는 신분이기에 사소한 실수로 학교와 직장, 그 나라에서 쫓겨날 수 있다는 사실을 염두해야 한다.

술은 청춘의 문화 중 빠질 수 없는 것이다. 한국은 법적으로 음주가 가능한 나이가 19살이지만 미국은 21살이다. 문제는 이 중간에 낀 나이의 학생들이다. 한국에서는 어린 나이의 청소년도 더러 어른들 앞에서 술을 배우기도 하고 친구들끼리 몰래 술을 마시기도 한다. 이렇게 알딸딸한 낭만을 맛 본 적이 있는데, 미국 땅에 가면 애 취급이라니 황당하기 마련이다.

고등학교 마지막 해 홈스테이 아주머니는 뉴욕 주에 살면서 뉴욕씨티 한번 못 가본 나를 안쓰러워 하셨다. 아줌마는 나를 비롯한 내 한국 친구들 5명을 이끌고 뉴욕씨티 투어 가이드로 앞장섰다. 사실 홈스테이 집에 살며 미성년자들끼리 여행을 허락하는 경우는 흔치 않다. 사고가 나면 그 책임을 보호자가 져야 하기 때문이다. 그래서 홈스테이 부모 본인이 동행하지 않는 여행은 절대 불가능했다. 그래서 뉴욕 주에 살면서 아직까지도 뉴욕씨티를 한 번도 못 가봤던 것이다. 그 고마움의 표시로 나와 내 친구들은 홈스테이 시스

혼자 여행을 가면 친구를 사귀기 위해서라도 게스트 하우스에 머무는 것이 좋다. 중국 해남도 라오반장 게스트 하우스에서 현지투숙객과 친구가 되어 신나게 바베큐 파티를 준비하고 있다.

터의 여행경비를 나누어 부담하기로 했다. 이 집의 경제 사정이 넉넉하지 않은 것을 잘 알고 있었고, 무엇보다 그렇게 해서라도 뉴욕씨티에 꼭 한번 가보고 싶었다.

우여곡절 끝에 밟아 본 뉴욕씨티. 처음 보는 뉴욕씨티의 화려함에 모두가 눈이 휘둥그래졌다. 자유의 여신상, 락펠러 센터, 센트럴 파크 등 주요 관광지를 돌아보며 즐거운 시간을 가졌다. 아줌마는 마지막 여행의 밤에 졸업을 축하하는 의미에서 술을 조금 사오셨다. 호텔에서 마신 술은 알코올 도수가 약한 달콤한 칵테일 같은 술 몇 병이었다. 우리는 알딸딸하게 취기가 오르고 혀가 꼬이기 시작했다. 세상이 아름다워 보이는, 말로만 듣던 '비어 고글'Beer Goggle: 술기운에 주변이 몽롱하듯 아름답게 보이는 상황에 대한 영어표현을 경험했다. 우리는 그렇게 뉴욕에서의 지난 2년을 회상하며 여행의 끝을 잡고 있었다.

집에 가는 길, 여행의 여독으로 다들 기차에서 잠에 빠졌다. 잠에서 깬 나는 목이 말라 물을 찾다 아무 생각 없이 남아서 챙겨왔던 술 한 병을 홀짝댔다. 이미 한국에서도 부모님이랑 대작하기도 했고 술집도 몇 번 가봤으니 이렇게 음료수 같은 술을 대수롭지 않게 여겼다. 별 생각 없이 한 행동이었다. 우연히 이런 나를 보고 아줌마는 얼굴이 벌게져서 심각한 얼굴로 돌변하셨다. 나를 한쪽에 불러놓고 매섭게 야단치셨다. 한 번도 이렇게 나를 크게 야단친 일이 없었다.

사실, 그 때도 아줌마가 유별을 떤다며 건방지게 형식적으로만 죄송하다고 했다. 친구들도 앞에 있는데 당황스러워서 더 뻗대며 행동했다. 하지만 시간이 지나고 보니 미성년자의 음주라는 범법이 외국인에게 더욱 엄중하게 적용 된다는 것을 알았다. 공공연하게 술을 마시는 내가 걸리기라도 하면 그 모든 책임을 아줌마 본인이 져야 했던 것이다. 한국에서 청소년들의 가벼운 일탈로 여겨질 수 있는 음주가 외국에서는 당신을 예상치 못한 위험으로 몰아갈 수도 있다.

그리고 공짜를 밝히다 위법행위를 저질러 호되게 혼난 적도 있다. 대학교 때 스위스를 혼자 여행할 때였다. 스위스에서 유학 중이 었던 영은 자신의 학생증을 주며 학생할인을 받으라고 일러줬다. 스키를 타러 가는 알프스 행 기차에 반갑게도 학생할인이 있었다. 나는 스위스 학교 학생도 아니면서 친구의 학생증을 보여주고 할인을 받았다. 신이 나서 기차에 타자마자 재수 없게도 티켓 검사원이 내 쪽으로 다가오는 것이 아닌가! 나는 심호흡을 한 번 하고 외국 사람은 동양인 얼굴을 잘 구별 못 할 거라며 뻔뻔하게 친구의 사진이 버젓이 박힌 학생증을 보여줬다. 깐깐하고 날카로운 눈빛의 검사원은 나에게 학교가 어디냐고 물었다.

'친구 학교 이름이 뭐더라? 봤는데…… 아, 뭐더라?'

흔들리는 눈빛, 나의 거짓말이 들통 났다. 나는 기차에서 내려 경찰에 의해 사무실로 끌려갔다. 결국 나는 엄청난 벌금을 물고서

중국에서 함께 어학연수한 케이티, 애슐리, 파티만, 대니얼과 나. 외국 친구와도 진정한 우정을 나눌 수 있다는 것을 느꼈다.

캄보디아를 혼자 여행하며 지역의 치안에 대해서 파악하기 위해 처음 며칠은 게스트 하우스에서
만난 여자 그룹과 돌아 다녔다.

야 거기서 빠져나올 수 있었다. 아끼려던 티켓 가격의 열 배도 더 되는 벌금이었다. 경찰들에게 풀려 나오자마자 친구에게 울면서 전화를 했다.

이 때 나는 돈의 힘을 느꼈다. 넉넉한 여행 경비가 없었으면 나는 그 사무실에서 경찰들 앞에서 눈물 콧물을 빼며 빌어야 했을 것이다. 돈 덕분에 나는 거기서 꼿꼿이 고개 들고 나올 수 있었다. 돈은 사람을 구질구질한 나락으로 빠뜨릴 수도 있으며, 그런 상황으로부터 구제해줄 수도 있다. 나중에 이 배움에 대해 이야기하자 아빠는 인생에서 가장 귀중한 교훈 하나를 얻어 왔다고 하셨다.

안전한 여행을 위한 마지막 체크리스트이자 가장 중요한 부분이다. 유학을 하는 동안 가슴에 새겨둘 그것은 바로 스스로의 안전이다. 어떻게 보면 유학 자체가 수년간의 여정과도 같다. 항시 안전을 최우선으로 두고 움직여야 한다. 여자라면 이는 특히 더 중요한 부분이다. 사람을 만나 어울리고 함께 여행하더라도 내 철칙은 다음과 같다. 꼭 여자들로만 이루어져 있거나 여자가 속한 그룹과 어울린다. 그렇다고 어떤 상황에나 안전이 보장된다고 말할 수도 없다. 직관과 감을 이용해 사람을 구별해 낼 줄 알아야 한다.

어떠한 상황에서나 술을 정신 줄 놓을 때까지 마시는 것은 절벽에서 나의 몸뚱이를 놓아버리는 것과 같은 셈이다. 나의 절친한 친구는 기숙사 방에서 남녀 여럿이 모여 술을 먹고 뻗은 날, 같은 학교 한국 남학생에게 성폭행을 당했다. 여럿이 있어 긴장을 놓아버린 탓에 기억이 없는 상태에서 이런 봉변을 당했다. 친구들과 함께여도 자기 집에서도 이런 사고는 일어날 수 있다. 하물며 혼자서 이런 상황을 자처하는 것은 불나방이 불에 뛰어드는 셈이다. 중국에서 같은 호텔의 미국 여학생이 클럽에서 모르는 남성들과 술 마시다 강간당하기도 했다. 술에 취해 모르는 사람의 차에 올라탄 순간, 이미 당신은 당신 신변에 대한 어떠한 컨트롤도 가지고 있지 않다.

수많은 변수가 따르는 것이 여행이다. 그것이 여행의 묘미이기도 하다. 용감하게 떠나되 현명하게 준비하고 지혜롭게 대처하길 바란다. 하지만 어떤 자유이건, 가장 기본 요건이 첫째도 안전, 둘째도 안전이라는 사실을 잊지 말기를. 안전은 자유의 가장 기본 조건이다. 과감하게 즐기되 지킬 것은 지키는 현명함을 지니기를 바란다. 그렇다면 세상 끝까지도 무사히 다녀올 수 있다. 두려움을 극복하고 새로운 미지의 세계를 탐험하라. 돌아오는 길에 얻어 오는 것이 있다. 내가 나를 이기고 모험을 마친 성취감과 승리감이다.

홈스테이 아버지의 성희롱

그날 밤 진희가 데리러 오지 않았다면……
어떤 마음으로 버텼을까 막막해진다.

:

● **여느 날과** 같은 한산한 저녁이었다. 홈스테이 어머니와 치어리더인 케이른_{홈스테이 시스터}은 학교 스테이트 챔피언 풋볼 경기에 응원을 갔다. 둘은 원정 경기 응원 때문에 다음 날에야 돌아올 예정이었다. 집에는 단출한 저녁이 차려졌다. 어린 매들린_{홈스테이 시스터, 둘째 딸}은 TV를 보고 홈스테이 아버지와 나는 간단히 먹을 것을 준비했다. 이 집 큰 딸은 아줌마가 전 남편과 낳은 딸이고, 둘째는 아줌마와 아저씨의 결실이었다. 홈스테이 아버지와 나는 사이가 좋은 편이었다. 대학 입학원서 에세이도 아저씨가 교정을 봐줄 만큼 친한 사이었다. 아저씨는 유쾌하고 장난기 있어 농담을 자주 하는 편이었다.

저녁을 먹으며 아저씨는 근래 자신의 스트레스를 털어놓았다.

일이 많아지며 스트레스도 심했는데, 아줌마와 부딪치는 일이 있었나 보다. 나는 아저씨의 넋두리겠지 싶어서 잘 들어 주었다. 그러다가 이야기가 조금 이상한 쪽으로 흘러갔다. 아저씨가 이런 말을 하는 것이었다.

"내가 너 같은 사람을 만났더라면⋯⋯. 너 같이 이해심 깊은 여자를 만났더라면 지금처럼 힘들지는 않았을 텐데⋯⋯."

내 귀를 의심하며 그냥 못 들은 척 넘기려 했다. 아무려면 내가 아빠라고 부르는 사람이 나를 이런 식으로 대할까 하는 마음에서였다. 나는 케이른 보다 겨우 서너 살 위였다. 갑자기 아저씨는 이런 저런 이야기를 하더니, 케이른의 문란한 사생활에 대한 걱정으로 이야기를 이어갔다. 그러더니 아저씨는 한국의 성 문화에 대해서 이것저것 물어보기 시작했다. 끈적끈적한 질문이 요상하게 흘러갔다. 불편하다 싶어 순간순간 내 표정이 굳어졌다. 나는 이제 이 곤욕스러운 저녁 식사가 빨리 끝나기만을 바라고 있었다. 어색하고 이상한 분위기 속에서 저만치에 앉은 매들린은 TV 만화영화〈스폰지밥〉만 넋을 잃고 바라보고 있었다.

"Well⋯⋯. I don't know. Korean people really don't talk about this matter. Because they feel shy. 글쎄 저는 잘 모르겠네요. 한국 사람들은 이런 이야기를 하지 않아요. 당황스러워 하기 때문이죠."

이런 분위기 속에서 아저씨의 질문은 계속 됐다. 한국의 동성애자들은 공공연하게 애정행각을 하는지, 한국의 십대들은 첫경험을 언제쯤 하는지, 젊은 남녀의 성 행위가 얼마나 개방적인지. 나는 대답하고 싶지 않았다. 말하기가 곤란했다. 그래서 최대한 그만 하라는 뜻을 담아 잘 모르겠다고 했다. 우회적으로 한국 사람은 이런 대화를 하지 않는다고만 연발했다. 이 때, 이런 대화는 불편하다고 이야기를 했어야만 했다!

나는 무척이나 혼란스러웠다. 설마 다정하던 아저씨가 지금 나에게 추파를 던지는 것일까 싶었다.

'설마, 내가 잘못 들었을 거야!'

차라리 그런 것이면 좋겠다 싶었다. 내가 '아빠'라고 부르던 사람을 믿고 싶은 마음과 역겨운 감정이 내 안에서 충돌하고 있었다. 얼굴이 달아올랐고 여기를 벗어나고만 싶었다. 그 때 아저씨가 결정타를 날렸다.

"나는 정말 너 같은 여자를 만났었다면 좋았을 것 같아. 요즘 너무 힘들어. 내가 십 년 전에만 지금의 너를 만났더라면……. 가끔 이런 생각을 하곤 해."

모든 것이 분명해졌다. 아저씨는 나에게 음흉한 마음으로 부적절한 대화를 이끌고 있었다. 분명히 무언가 잘못 되었다.

이상한 저녁이 끝나고 이내 나는 평소처럼 설거지를 했다. 아저씨는 2층에서 매들린을 재웠고, 나는 평소처럼 그 일을 도와주는 척 했다. 하지만 작고 어두운 방에서 그를 마주하니 마음에 불이 난 듯 했다. 내 방으로 뛰어 올라와 친구 진희에게 전화했다. 지금 당장 나를 데리러 와달라며 울며 소리쳤다. 놀란 친구는 신속히 나를 데리러 와 주었다. 차에서 그 집 엄마가 놀랄까봐 아무 말도 못하고 창밖만 바라보았다. 친구의 방에 들어오자마자 진희를 안고 엉엉 울었다. 너무 울어서 말을 못 이을 정도로 울기만 했다. 그런 나를 보고 진희는 영문도 모른 채 나를 안고 같이 울어 주었다. 그 날 함께 울어준 진희가 세상 그 어떤 위로보다 힘이 되었다. 지금까지도 항상 감사한 마음이다. 그날 밤 진희가 데리러 오지 않았다면…….어떤 마음으로 버텼을까 막막해진다.

두렵고 당황한 마음이 가라앉자 화가 치밀어 올랐다. 그가 여기에 부모 없는 나를 만만히 보고 이런 더러운 마음을 먹었다고 생각했다. 계속 떠오르는 불쾌하고 끈적끈적한 기억의 잔해로 수치심이 들고 견딜 수 없이 화가 났다. '우리 아빠가 여기 있었다면 나를 이렇게 우습게보지는 않았을 텐데' 하는 생각에 눈물이 하염없이 흘렀다. 나에 대한 욕보임이 곧 우리 아빠에 대한 욕보임이라고 생각했다.

이제 집으로 돌아가 어떤 얼굴로 홈스테이 가족을 대해야 할까?

사태를 어떻게 수습할 수 있을까? 곰곰이 생각했다. 선택은 두 가지였다. 이 사건을 함구하고 넘어 가거나 솔직하게 밝히거나. 내가 정말 좋아했던 가족에게 이런 폭탄을 터뜨린다는 것이 정말 어려웠다.

게다가 내가 정말 아끼고 사랑하는 아줌마는 슬픈 과거가 있었다. 어렸을 때 성폭행을 당했는데, 그녀의 어머니는 그 사실을 믿어주지 않았다. 지금까지도 어머니와 관계가 안 좋은 아줌마는 어렵게 자신의 어린 시절 상처를 털어놓은 적이 있다. 그렇게 남자를 믿지 못하다가 한 첫 번째 결혼은 실패로 돌아갔고 지금의 남편을 만나기까지 힘든 시간이 있었다고 고백했었다. 내가 이 사건을 밝혀서 아줌마와 아저씨 사이에 믿음이 깨어진다면 어떤 일이 일어날까 너무 두려웠다. 만약 이혼을 하면 어떡하지? 케이른이랑 메들린은? 내가 단란한 가족에 돌을 던지는 건가? 이 집에 무슨 사단이 나는 거지? 여러 가지 생각이 나를 괴롭혔다. 이 모든 것이 내 잘못이 아니었다. 하지만 나의 말을 믿어줄까? 내가 무슨 결정을 하든 그것이 이 가정과 나에게 큰 타격을 가져올 것만 같았다. 한번 금이 간 믿음은 결국 걷잡을 수 없을 테니.

나는 고심 끝에 결정을 내렸다. 집으로 돌아와 아줌마에게 할 얘기가 있다고 말했다. 나의 심각한 목소리에 무엇인가 눈치를 챈 아줌마는 급히 차를 몰았다. 공터에 차를 세우자 나는 절박한 얼굴로 물어봤다.

"Can you believe me no matter what I am gonna say to you? 내가 지금 무슨 이야기를 해도 나를 믿어 줄 수 있어요?"

정말 좋아하고 의리를 지키고 싶었던 사람, 그런 아줌마에게 상처 주는 말을 할 참이었다. 얼굴이 뜨거웠다. 눈물과 콧물, 복 받쳐 오르는 감정을 주체할 수 없었다. 믿기 힘든 사실을 털어놨고 이야기가 끝났을 때, 차에서 우리 둘은 부둥겨안고 울고 있었다.

아줌마는 신중하고 차분하게 일을 처리했다. 일단 아줌마는 아저씨와 따로 대화의 시간을 가졌다. 나중에 전해들은 아저씨의 입장은 무언가 오해였다는 것이다. 그 말을 들었을 때 나는 참을 수 없는 분노와 괘씸함을 느꼈다. 아줌마는 울며 내 눈을 바라보고 말했다. 이 집에 더 머물 것인지, 떠날 것인지는 나의 선택이라고. 한숨이 나왔다. 집을 옮기는 것에 대한 트라우마가 떠올라 가슴이 턱 막혔다. 졸업까지 약 한 달 남짓 남았던 어정쩡한 시기여서 나는 또 집을 옮기는 마음고생과 수고를 하고 싶지 않았다. 하지만 떠나는 게 맞지 않을까 하는 생각이 하루에도 수 십 번 나를 괴롭혔다. 물론 아저씨는 진심 어린 사과를 했다. 내가 불편하다고 보낸 힌트를 못 알아들었다고 고개를 숙였다. 그 뒤로 거의 보름 가까이 그는 고개를 숙이고 다녔다.
이 이야기는 아직까지도 부모님께 차마 하지 못했던 비밀이다.

영원히 부모님은 모르실 이야기라고 생각해 왔다. 이제야 이 일이 책을 통해 공개되는 셈이다. 세월이 지난 일이지만 우리 부모님의 마음 한 구석이 너무 따갑게 시리진 않았으면 한다. 타지의 어린 딸에게 아무런 도움도 줄 수 없는 그 답답한 심정이 오죽 했을까. 홀로 모든 것을 맞서야 했던 나는 성숙한 아이가 되지 않으면 안 됐다. 나를 지켜줄 수 있는 사람은 세상 어디에도 없다는 것을 여실히 느꼈다. 나는 그 때의 처사가 현명했다고 생각한다. 그 일을 밝히지 않고 넘어갔다면 내 마음 안의 상처는 곪아 썩어 문드러졌을 것이다.

지금 그 밤을 돌아보니 용기 있게 그 어둠을 헤쳐나간 작은 혜로인Heroine : 영웅이 보인다. 마주하기 어려운 진실을 용기 있게 꺼내어 보인 어린 소녀를 꼭 안아주고 싶다.

돌발 상황 속 마인드컨트롤하기

당신을 죽이지 못하는 어려움은 당신을 강하게 만들 뿐이다.
What does not kill you only makes you stronger.

홈스테이 아버지의 성희롱 사건 후 진희네서 하루 자고 난 다음 날, 나는 여전히 집으로 돌아가고 싶지 않았다. 하도 울어서 머리가 멍 하고 정신이 없었다. 진희의 홈스테이 어머니도 무슨 일이 있었음을 눈치 채고 제안을 하나 하셨다. 쇼핑몰에 데려다 줄 테니 기분전환 하고 오라는 것이었다.

진희와 나는 몰에서 옷과 액세서리를 구경하며 걸어 다녔다. 암울한 생각에서 잠시나마 벗어날 수 있어서 좋았다. 그런데 엎친 데 덮친 격으로 또 다른 무시무시한 해프닝이 우리를 기다리고 있었다.

아까부터 자꾸 눈이 마주치는 사람이 있었다. 불길한 느낌에 자꾸 뒤를 돌아보게 되었다. 나와 진희에게 짓궂은 흑인 성인 남성이 따라 붙었던 것이다. 약간 모자란 사람 같아 보이기도 했던 그는 스토커처럼 우리를 졸졸 따라오며 재미있어 했다. '자라 보고 놀란 가슴 솥뚜껑에 놀란다.'는 옛말처럼, 평소 같으면 훨씬 의연하게 대처했을 텐데 내 가슴은 마구 요동치기 시작했다. 바로 어제 내가 머무는 데서 성희롱 사건으로 시달리다 왔는데, 이건 또 무슨 일이란 말인가? 그 흑인은 우리가 가게로 숨으면 밖에서 기다리다 또 따라왔다. 원래 여리고 겁이 많은 진희와 어제의 트라우마에 휩싸여 제정신이 아닌 나였다.

숨바꼭질이 시작되었다. 계속 다시 나타나는 그의 등장에 우리는 소리를 지를 정도였다. 다리가 후들후들 떨려오기 시작했다. 겁먹은 우리를 보고 그는 신이라도 난 듯 했다. 한 번, 두 번, 세 번, 네 번 이 게임이 반복되자 정말 신고라도 해야겠다 싶었다. 발걸음이 급해지고 있었다. 몰의 맨 끝 쪽에 도움을 청할만한 데가 있어 그 쪽으로 황급히 향하고 있었다. 그러다 마지막으로 한 가게에 들어가 30분도 넘게 진을 치고 나가 보니 다행히 그는 사라지고 보이지 않았다. 진희와 나는 깊은 안도의 숨을 내쉬었다.

집으로 오자 서러움이 복받쳐 올라왔다. 우리 아빠 목소리가 너무 듣고 싶었다. 한국에 전화를 걸어 몰에서 만난 스토커 이야기를 하며 엉엉 울기 시작했다. 유학을 오지 말 것을 그랬다며 악을 썼다. 7년 유학 동안 한 번도 이런 적이 없었다. 나는 항상 힘든 내색을 전혀 하지 않았기에. 항상 밝은 모습만 보인 내가 아니었던가. 아빠는 놀라움도 잠시, 곧 나를 차분히 다독이셨다. 그런 일쯤은 한국에서도 얼마든지 일어날 수 있다고 엉엉 우는 나를 달래셨다. 사실 나는 그 스토커 때문에 우는 것이 아니었다. 어제 일어난 일로 원통한 심정까지 들 지경이었다. 막막했다. 그렇다고 어제 당한 일을 이야기할 수도 없는게 아닌가. 게다가 거기에 보태진 오늘의 해프닝까지, 나는 무너져 버렸다. 평정을 잃었고 모든 것이 최악처럼 보였다.

그래도 아빠와 오랜 통화 후, 나는 진정을 찾기 시작했다. 차분히 생각해 보니, 아빠 말씀이 틀린 것은 아니었다.

'그래, 이런 일은 내가 한국에서도 얼마든지 일어났을 수 있어. 괜히 유학을 와서 이런 일이 생겼다는 억지 쓰지 마. 피해의식이야. 그럴 필요 없어! 진정해!'

이 혼란의 상황 속에서 차분하게 마음을 가라앉혔다. 냉정하게 어떻게 대처할 지를 생각했다. 떨리는 손으로 일기를 써나가기 시작했다. 격정적인 떨림 그대로 휘갈겼다. 차차 감정이 가라앉기 시작했다. 정신을 똑바로 차리지 않으면 안 됐기에, 마음을 추스르지 않으면 안 됐기에. 나는 마음을 굳게 먹기로 했다.

예측하지 못한 돌발 상황에서 감정과 두려움에 휘둘리면 안 된다. 독일 속담에 겁을 먹으면 여우가 더 크게 보인다는 말이 있다. 두려움이나 격한 감정은 문제를 과장되게 보이게끔 한다. 차분히 감정과 두려움을 걷어내고 주어진 옵션, 헤쳐 나갈 수 있는 길을 따져봐야 한다. 이는 누구에게나^{특히 어린 나이에} 쉬운 일은 아닐 것이다. 하지만 또 거꾸로 생각해 보면, 무엇을 하기에 너무 어린 나이 혹은 늦은 나이는 없다. 누구나 상황에 맞추어 성장하고 대처하는 능력을 갖추게 된다. 당신이 무엇까지 가능한 사람인지, 한계는 그 상황에서만 드러나는 것이다.

JFE사의 김승호 CEO는 미국 땅에서 무일푼으로 시작해 현재 전 세계 11개 나라에 1230여 개의 매장을 운영하고 있는 성공신화의 주인공이다. 그의 저서 《김밥 파는 CEO》에 젊은 날의 수없이 망한 사업부터 김밥으로 3000억 원의 연매출을 올리게 된 인생 역전의 스토리가 담겨 있다. 그는 이민 초창기 캘리포니아의 한 흑인동네에서 일을 시작했다. 아마도 범죄율이 높았던 그 곳에서 일 하는 하루하루는 지뢰밭을 걷는 것과 흡사하지 않았을까 상상해 본다.

그는 어떠한 상황에서든 두려운 마음이 들지라도 공포심은 갖지 말아야 한다고 말한다. 어느 날 고가도로 위에서 그의 고물차 핸들이 빠져 버린 어처구니없는 일이 있었다. 지나가는 차에 도움을 청하려 세운 차가 하필이면 흑인들로 가득 차있는 차였다. 내키지 않았지만 일단 그는 그 차에 탔다. 차 안에 비좁게 앉은 흑인 청년들을 둘러보니, 그들은 두건에 금 목걸이를 하고 똑같은 문신을 한 갱단이었던 것이다. 일부러 김 대표는 태연히 빠진 핸들을 보여주며 그들과 주먹으로 하이파이브까지 하며 농담을 했다. 무사히 차를 얻어 타고 그 상황에서 빠져나올 수 있었던 그는 그 때 일을 회상하며 이렇게 말했다. 그가 차를 얻어 타자마자 공포심을 느끼고 당황했다면, 누구보다 그들이 먼저 알아차렸을 것이라고. 불필요한 걱정과 불안을 미리부터 안고 전전긍긍할 필요는 없다. 두려움이 생기면 상황을 냉정히 인식해야 한다.

호랑이 굴에 들어가도 정신만 차리면 된다는 속담이 있다. 힘든 상황에서 격한 감정과 자기연민의 늪에 빠진 자신의 모습을 발견한다면 그를 인지하고 그 감정을 걷어 내라. 차분히 사실만 보는 것이다. 펜을 잡고 종이에 사실을 적어나가길 바란다. 감정에 치우쳐 왜곡된 추측으로 두려움이 생긴다면 그 역시 적어나가는 것이다. 마음이 차분해지며 생각이 정리될 것이다. 그렇다면 가야할 길, 해결책이 보일 것이니. 나아가야 할 길을 파악하고 담담하게 정진하면 어떤 위기도 헤쳐 나갈 수 있다. 힘든 역경과 돌발 상황을 헤쳐 나올 방법은 반드시 존재하며, 그 열쇠를 찾기 위해서 차분한 마인드 컨트롤이 반드시 필요하다. 당신을 죽이지 못하는 어려움은 당신을 강하게 만들 뿐이다. What does not kill you only makes you stronger.

끝까지 내가 의지할 존재는 자신뿐이다

20대는 미래에 대해 불안이 가득하다.
불안감으로 언제 폭발할지 모르는 폭탄, 바로 그게 젊음이다.

●
●
●

● 몇 달 전 충격적인 뉴스를 봤다. 낙태 수술을 받은 중국인 유학생이 비틀거리며 남자친구에 기대서 겨우 걷고 있는 모습이 병원 CCTV카메라에 찍혔다.

"중국 유학생인 A씨는 임신 12주차에 불법 임신중절 수술을 받다가 뇌사상태에 빠졌습니다. 병원은 수술 당시 임신 여성에게 포도당 주사를 적정량의 4배 이상 과다 주입하여 수술이 부적합한 상태였음에도 불구하고 수술을 강행했습니다. 부작용으로 피해자는 뇌부종 증상이 왔고, 구토와 발작, 두통, 시력감소 등의 증세를 호소했습니다. 그러나 의사가 이 사실을 은폐하기 위하여 수술을 강행했고, 관련 CCTV기록과 진료기록을 없애는 등 증거인멸을 하려

고 했던 것으로 보여집니다. 피해 학생의 한국인 남자친구는 그 죄
책감으로 한강에 투신했다가 구조되었습니다."

이런 끔찍한 소식을 접하면 남일 같지가 않다. 한 여성으로서 그
리고 유학 경험자로서 이런 일이 누구에게나 일어날 법한 일임을
잘 알고 있다.

아는 동생 중 호수처럼 맑고 순수한 아이가 있었다. 한 번도 남
자친구가 없었던 그녀가 뒤늦게 사랑에 빠졌다. 상대는 소문이 안
좋은 남자였고, 친구가 너무 깊이 빠지는 것 같아서 말리고 싶었다.
그러나 결국 사단이 났다. 임신에 낙태까지. 이렇게 무시무시한 일
이 세상에 둘도 없이 착하고 순진한 아이에게 일어났다.

이 사건이 일어나고도 한참 후에야 이 내막을 들을 수 있었다.
그 당시 너무나 힘들었던 친구는 주변에 말도 못한 채 혼자 고스란
히 그 시간을 견뎌냈다. 심리적으로 육체적으로 그 좌절과 고통은
형용할 수 없는 것이다. 칼이 배의 생명을 찢어 놓듯이 마음도 갈기
갈기 찢어 버린다. 실수 치고 너무나 가혹하다. 너무나 가혹한 벌,
평생 지고가야 할 무거운 형벌이 내려진다.

사실 이성을 만나 교제할 때, 상대가 멀쩡한 사람인지 혹은 미래
에 이런 일이 나에게 일어나지 않을 거라고 예측하기는 어렵다. 하
물며 나를 잡아줄 가족과 집이라는 울타리가 없는 외국 생활은 더
더욱 그렇다. 사랑에 눈이 먼 것뿐인데 어느새 이런 절벽에 내몰리

뉴욕 자유의 여신상을 보기 위해 보트에 올랐다. 맨 앞에서부터 케이른, 소진, 지혜, 나.

게 된 스스로를 발견하는 것이다. 의지할 사람 하나 없는 그곳에서 기댈 수 있는 단 한 사람이 바로 연인이기에. 외로운 만큼 더 걷잡을 수 없이 사랑에 빠지기도 한다.

그렇다 해도 최소한의 브레이크가 없는 것은 아니다. 나는 콘돔을 사용하지 않고 사랑이랍시고 무턱대고 덤벼드는 행위는 이해할 수 없다. 용기도 낭만도 아니다. 무모이자 무지이다. 어떠한 경우라도 콘돔은 필수이다. 자신을 지킬 수 있는 이 간단한 방법으로 임신뿐만 아니라 성병도 어느 정도까지 막을 수 있다. 내 전부를 상대에게 모두 주지 않고 조금은 나를 위해 아껴 두는 것은 어떨까. 아무도 없는 머나먼 땅에서 내가 의지할 수 있는 것은 오로지 나뿐이기에 어떠한 상황에서도 내가 나를 지켜야 한다.

20대는 사춘기만큼이나 격한 질풍노도의 시기이다. 대학생이라는 과도기는 아이도 아니고 어른도 아니다. 아직 모르는 것, 두려운 것 투성이며, 그 만큼 주변에 크게 영향을 받는다. 친구가 쓰는 화장품을 같이 쓰고 입는 브랜드의 옷을 같이 입는다. 친구가 만나는 사람들과 어울리려고 애를 쓰기도 하며 간혹 친구 따라 엉뚱한 짓을 해보기도 한다. 어울리는 그룹이 정해지고 한참을 섞이다 보면 어느새 친구들과 나는 한 배를 탄 것과 다름없다. 그렇게 정신없이 웃고 떠드는 사이에 내가 탄 배가 엉뚱한 곳에 와 있다면? 친구 따라 마약을 시작하거나 도박에 빠진 경우, 난잡한 성생활에 눈을 뜬 경우 등. 여러 가지 경우가 있을 수 있다. 이미 무언가 잘 못 되었다고 깨달았을 때는 이미 한참이나 와 버린 것이라면? 이렇게 젊은 날 우리는 주변 사람들에게 휩쓸리며 나를 잃어버리기도 한다.

나쁜 친구를 골라내는 가장 좋은 방법이 바로 이거다. 내가 하기 싫은데도 친구들의 권유에 휩쓸려 찜찜한 일을 한 적이 있는지 돌아보는 것이다. 내가 아닌 모습을 강요하는 친구는 좋은 친구가 아니다. 단호하게 거절하고 당신에게 선한 영향을 주는 다른 친구를 사귀어 보는 것이 낫지 않을까.

영화배우 제이미 리 커티스Jamie Lee Curtis는 자신을 좋아하기 시작하니 다른 사람인 척하기 싫었다고 했다. 나는 내 주변을 병든 나무들이 아닌 건강한 나무들로 가득 심어서, 온전한 나를 지킬 수 있었다. 내가 편하게 나일 수 있도록 본연의 모습 그대로 받아들여 주는 친구들과 어울려야 한다.

젊기에 거쳐야 할 통과의례 중 하나가 방황이다. 수많은 젊은이들은 방황의 시기에 중독을 통해 잠시나마 자신을 놓아버리기도 한다. 20대는 미래에 대해 불안이 가득하다. 무엇 하나 결정된 것도 없고 스스로가 잘 가고 있는지도 확신이 없다. 불안감으로 언제 폭발할지 모르는 폭탄, 바로 그게 젊음이다. 그 불안을 잊기 위해 20대의 성장통을 버티기 위해 폭식, 술과 담배, 마약 혹은 엉뚱한 취미활동에 미치기도 한다. 중심이 아직 형성되지 않았기 때문에 무언가에 덧없이 빠지기 쉽다. 그 속에서 균형을 잃는 경우, 정작 자신이 누구인지 잃어버리는 실수까지 한다. 그 치우친 모습이 바로 중독인 셈이다. 어떻게 보면 난잡한 성생활에 미친 아이나, 마약에 중독된 아이나, 폭음이나 폭식에 빠진 아이나 어떠한 답을 찾기 위해 투쟁하는 것이 아닐까.

한 번쯤 마약이나 도박에 손을 대는 것 자체가 그리 큰일은 아니다. 다음 날 정신을 차리고 다시 일상으로 돌아오면 그만이니까. 하지만 한 번, 두 번 친구와 함께 그 횟수를 늘려가다 보면 죄책감, 자제심, 평정심을 모두 잃게 된다. 오히려 더 큰 자극과 짜릿함이 필요하다. 그런 후 다음에 따라 올 수 있는 무시무시한 일은 상상하지도 못할 만큼 무거운 것일 수도 있다. 빠져나올 수 없는 중독의 늪에 빠질 수도 있으며, 재수 없으면 발각되어 쫓겨날 위험까지 있다. 이 한순간 유희로 인해 성폭력 가해자나 피해자가 되는 위험에 노출되기도 한다.

부디 한순간의 유희 혹은 유혹에 잠깐 '타임!'을 외쳐보자. 어렸을 때 게임을 하며 문제가 생겼을 때 잠깐 모든 것을 멈추는 타임 말이다. 자신을 놓아 버리려는 순간, 나의 원래 진짜 모습이 무엇인지 혹은 내가 이런 무모한 행동을 하려고 하는 그 원인이 무엇인지 한 번이라도 꼭 생각해보기를. 흑인 최초로 아카데미 여우주연상을 받은 할리 베리 Halle Berry는 "일찍이 나를 책임질 사람은 나뿐이라는

걸 배웠기에 나 자신을 소중히 한다."고 말했다. 어떤 경우에도 내
가 의지할 수 있는 존재는 나뿐이다.

위험한 상황에서 나를 돕는
액션플랜 5가지

나의 안전을 보장 받기 위해서 행동을 취하는데 넘침은 없다.
스스로 더더욱 적극적으로 위험을 방지하려는 행동을 취해야 한다.

나는 여자이지만 연약하거나 가냘픈 이미지
와 거리가 멀다. 항상 씩씩하고 걸음걸이도 힘차다. 간혹 나를 위
아래로 훑는 불쾌한 시선이 느껴진다면, 레이저를 발산해 째려보거
나 아예 대놓고 말을 건네기도 한다.

"뭐를 보시는 거죠?"

이렇게 정중하게 물으면 웬만한 사람이 아니고서는 후닥닥 제
갈 길을 가버린다. 이런 나에게 친구나 엄마는 진짜 위험한 상대를
만나면 어떻게 하냐고 반색을 한다. 하지만 혼자 외국에서 살아오
며 이러한 강단도 없으면 어떻게 견뎌 왔겠는가. 이런 나의 모습이
영 싫지는 않다.

해외에서 있을 수 있는 위험한 상황이라고 해서 특별한 것이 있는 것은 아니다. 액션 영화의 한 장면처럼 총칼을 든 강도의 위협만이 위험은 아니다. 총칼이 난무하는 상황이 눈앞에 펼쳐진다면 우리는 아마 빛의 속도로 몸을 숨길 것이다. 하지만 평범한 일상에서 예상치도 못한 실수나 문제를 간과해 그 피해가 걷잡을 수 없이 커지는 경우가 많다. 나는 일상에서 쉽게 일어날 수 있는 위험 상황에서 대처하는 방법에 대하여 이야기 하고 싶다. 그러한 상황에서 어떻게 현명하게 빠져나올 수 있는지 이야기해 보자.

1. Say Clearly, 'Yes or No.' 명확한 예스 혹은 노

첫째는 분명한 의사표현 '예스, 노'이다. 명확히 의사를 표현함으로써 일어날 수 있는 위험을 방지할 수 있는 경우는 매우 많다. 반대로 이 타이밍을 놓쳐서 끌어들일 수 있는 내키지 않는 상황역시 수없이 많기도 하다. 친구들과 어울리다가 분위기에 휩쓸려 내키지 않은 마약을 해 보게 될 수도 있다. 마음이 약해 거절할 타이밍을 놓쳐 엉뚱한 상대와 잠자리까지 이어질 수도 있다. 명확하게 표현을 안 하고 나중에 말이 안 통했다는 변명을 늘어놓으면 곤란하다. 마음에 걸리는 것이 있으면 하고 싶지 않다고 솔직하게 이야기해야 한다.

나는 어떠한 경우에서도 '다 좋아. 네가 좋을 대로 해.'라는 대답을 싫어한다. 아주 사소한 것이라도 무책임하게 들리는 말이다. 그 우유부단함 안에 선택에 따른 결과에 대한 책임을 회피하려는 심리가 숨어있지 않은가. 어떤 사람은 결정 장애를 운운하며 어떠한 의사표시도 회피해 버린다. 차라리 그냥 생각하기 귀찮고 나중에 책임지기가 싫다고 말하는 게 더 솔직하다. 나는 애매모호한 태도도 하나의 의사 표현이라고 생각한다. 휩쓸리겠다는 암묵적인 동의. 의사소통이 안 되는 상황이라면 더더욱 불편한 일은 딱 잘라 말해야 한다. 그래야 원하지 않은 위험한 상황에 휘말리는 것을 미연에 방지할 수 있다.

2. Honesty. 솔직하게 인정하기.

둘째, 잘못을 하다 걸렸으면 솔직하게 인정해야 한다. 외국인이라 더 큰 벌을 받을까봐 두려워서 숨기려고 이것저것 변명과 거짓말을 갖다 붙이는 태도는 옳지 않다. 오히려 문제를 더 크게 만든다. 커닝을 해서라도 좋은 성적을 받고자 하는 학생이 많이 있다. 나도 한두 번 유혹에 흔들려 커닝 페이퍼를 만들어 보기도 했다. 한국 학생이 커닝 페이퍼로 시험을 보다 걸렸다. 교수님은 깐깐하기로 소문이 나신 분이었다. 그 학생은 아예 잘못을 털어 놓고 솔직하게 인정했다. 엄중한 처벌을 기다리고 있던 그에게 의외로 너그러운 벌이 내려졌다. 리서치 과제를 해 오면 이 시험에서 낙제fail는 면

하게 해 준다는 교수님의 처사였다. 그 학생이 이렇게 말했다, 화가 잔뜩 난 교수님의 얼굴이 자기가 잘못을 솔직히 인정하자 조금씩 누그러지더라고.

사실 우리는 어떤 잘못이든 할 수 있다. 이 때 변명을 찾는 것은 더욱 구차해지는 셈이다. 정면 돌파가 정답이다. 깨끗이 잘못을 인정하고 벌을 받겠다는 태도를 보여라. 그것만이 당신의 구겨진 자존심을 최소한이나마 회복할 수 있는 방법이다. 또한 그것만이 당신에 대한 상대의 존중을 회복하는 길이기도 하다.

3. Secure your Safety. 자신의 안전을 위해 적극적으로 나서라.

셋째, 위험한 상황에 처했다면 무조건 자신의 안전을 확보할 수 있는 곳으로 피하거나 도움을 청해야 한다. 홈스테이 아버지에게 성희롱을 당한 날 나는 재빨리 친구네 집으로 피해 갔다. 그 날 그대로 집에 머물렀다면……. 더한 일이 없었을 것이라는 보장도 없다. 사고는 항상 예기치 못한 순간에 일어나는 것이 아닌가.

대학교 시절에는 교내에 한때 강간 사건이 잇따랐다. 학교 부근에서 살았음에도 불구하고 이런 사건들로부터 완전히 안전할 수는 없었다. 아파트 바로 옆에 유명한 피자가게가 있었는데, 바로 그 뒤에서 강간 사건이 일어났다. 그런데 그것을 목격한 한 학생이 두 남녀가 즐기고 있다고 간주해 핸드폰으로 동영상 촬영을 한 것이다.

이 사건으로 가해자, 목격자 학생이 모두 체포되었다. 교내에 흉흉한 분위기가 감돌았다. 그 곳을 지나갈 때마다 섬뜩한 생각을 떨쳐버리기가 어려웠다.

아파트와 학교는 매우 가까웠지만 나는 어떠한 위험도 감수하기 싫었다. 야밤에 도서관에서 올 때는 절대 혼자 오지 않았다. 룸메이트와 함께 하거나 남자친구가 데리러 나오게 했다. 또 학교에서 운영하는 '세이프 워크'라는 프로그램을 자주 애용했다. 우리 학교 학생들로 이루어진 세이프 워크 군단에 도움을 요청하면, 늦은 시간에 즉시 달려와 집까지 바래다주었다. 안전하게 집까지 가며 친구도 사귈 수 있으니 일석이조가 아닌가. 나의 안전을 보장 받기 위해서 행동을 취하는데 넘침은 없다. 스스로는 더더욱 적극적으로 위험을 방지하려는 행동을 취해야 한다.

4. Get Help. 도움을 요청하라.

넷째, 위급한 상황에서는 재빨리 믿을 수 있는 사람에게 물어보거나 그도 변변치 않다면 전문가를 고용해야 한다. 뉴욕에 사는 친한 친구가 술을 먹고 운전하는 바보 같은 실수를 저질렀다. 경찰단속에 걸린 그녀는 재빠르게 행동했다. 뉴저지에 있는 한인 로펌에 연락해 비용을 지불하고 전문가의 도움을 받았다. 비용이 발생했지만 나는 그녀의 선택이 현명하다고 생각한다. 외국인이라는 점 때문에 불리한 처우를 받을 수도 있으며 크게는 사소한 일이 엉켜 추방당할 수도 있기 때문이다.

다른 친구는 남자친구와 관계를 하다 콘돔이 찢어져 극도의 불안에 빠져 있었다. 나는 어떤 경우에나 콘돔을 사용할 것을 강력히 권고한다. 그러나 이러한 응급상황이나 원치 않는 성관계가 이루어진다면, 특별 대처 방법도 있다.

방에 꼼짝을 않고 울고 있는 친구의 전화를 받고 나는 한걸음에 달려갔다. 불현듯 고등학교 때 받은 성교육이 떠올랐다. 약국에서 판매하는 플랜 B라는 피임약은 성관계 직후에 먹으면 임신을 방지할 수 있는 약이다. 그 이야기를 듣고 친구는 재빨리 학교의 건강센터에 찾아 갔다. 예약도 없이 찾아가 울며불며 의사를 잡아 상담을 청했다. 그리고 빨리 약을 먹으라는 지시를 받았다. 성관계 후 정해진 시간 72시간 안에 약을 먹어야 효과가 있기에 굼뜨게 행동할 틈이 없었다. 그녀는 전문가의 지시에 따라 행동을 취했고 임신의 위험과 심리적인 고문에서 해방될 수 있었다. 위급상황에서 적극적으로 주변에 도움을 청하고, 전문가의 의견을 빌려 상황을 처리하는 것이 빠르고 확실하다.

5. Keep Distance from Strange People. 이상한 사람들과 거리 두기

다섯째, 무언가 느낌이 안 좋은 사람이라면 매몰차게 선을 그어

캄보디아를 여행하며 온전한 자유를 만났다. 하지만 안전과 치안에 유의해야 했다. 어떤 상황에도 긴장의 끈을 놓지 않았다. 이러한 조심성은 자유를 만나기 위한 최소한의 책임이다.

라. 힘겹고 낯선 환경에서 다가오는 누군가에게라도 쉽게 의지하고 싶은 것이 사람 마음이다. 하지만 조금이라도 의심이 가는 사람이라면 가차 없이 끊어내야 한다. 한국 사람이라도 말이다.

혼자 떠난 캄보디아에서 이틀 정도 단체여행에 참가했다. 역사 위주로 박식한 설명을 해 주는 한인 가이드를 만나 멋진 투어를 했다. 나이가 지긋한 그는 카리스마와 리더십으로 우리를 통솔했다. 그는 현지인들만 아는 맛집의 만찬을 맛보게 해주기도 했다. 그렇게 즐거운 시간을 뒤로 하고 숙소에 돌아오자, 게스트하우스 주인이 사실 그가 소문이 안 좋다며 조심해야 한다고 당부했다. 이전에 여성 손님과 부적절한 관계가 있었다는 이야기에 나는 적잖이 놀랐다. 그런데 밤에 숙소에서 쉬고 있는데, 모르는 번호로 전화가 왔다. 그 가이드였다. 따로 술을 먹자는 것이었다. 밤늦게 이런 초대는 반갑지 않았다. 쉬고 싶다며 딱 잘라 거절했다. 때로는 정으로 의지한 한국 사람이 더 위험한 존재일 수도 있다.

한 여행전문가가 말하기를 세계 어디서나 '홀로, 인적 드문 곳, 야밤' 만 피하면 문제가 없다고 말한다. 미리 야무진 행동으로 위험을 방지하고, 선한 사람들과 어울리는 지혜가 필요하다. 명심하기를 바란다. 상대에게 솔직하게 일관하여 명확한 의사 표시를 하고 석연치 않은 상대에게 선을 긋는 것만으로도 스스로의 안전을 지킬 수 있다는 것을.

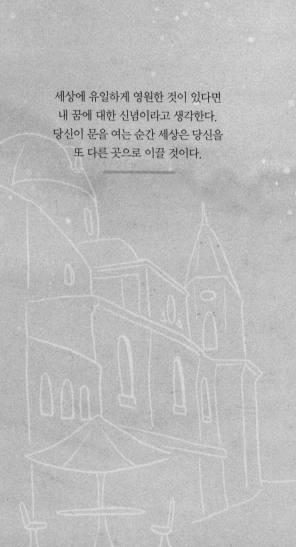

세상에 유일하게 영원한 것이 있다면
내 꿈에 대한 신념이라고 생각한다.
당신이 문을 여는 순간 세상은 당신을
또 다른 곳으로 이끌 것이다.

7년의 해외도전이
내 인생을 바꾸었다

A+보다 중요한 것들

세상에 유일하게 영원한 것이 있다면 내 꿈에 대한
신념이라고 생각한다.

7년이라는 긴 시간 동안 어린 딸을 멀리 보
낸 우리 부모님⋯⋯. 부모님의 마음고생과 노고를 생각하면 어디서
부터 시작해야 할지 아득해진다. 금이야 옥이야 키웠던 자식과 떨
어져 지내며 수많은 밤을 눈물로 지새웠을 그 아픔을 어찌 헤아릴
수 있을까. 그런 부모님께 좋은 성적표를 보여 드리는 것이 특별한
의미가 있었다. 나의 성적표가 '내가 잘 가고 있습니다.' 는 이정표
와 같은 것이었다. 가장이 집으로 들고 오는 월급봉투처럼 '그 동안
성실하게 해왔습니다' 라는 표식과도 같은 것이었다. 할머니가 돌아
가시고, 재산싸움으로 우리 아빠는 형제들마저 모두 잃었다. 나는
그 뒤로 더 미친 듯이 성적 관리에 매달렸다. 그저 아빠를 웃게 해
드리고 싶었다. 그러나 나의 유학생활을 돌아보니 나에게 남은 것

은 졸업장, 성적표 이런 것들이 아니었다.

　내가 해외에서 얻은 가장 위대한 유산은 도전의 가치이다. 자신의 가능성을 믿고 부딪쳐 보겠다는 배포이다. 우리 한국의 젊은이들은 참 똑똑하고 약았다. 그래서인지 실수를 두려워하고 한 번 넘어지면 주저앉아 버린다. 그 만큼 새로운 것에 도전하려는 배짱이 약하다. 고(故) 정주영 현대회장은 항상 '해보기나 했어?' 라고 직원들에게 물었다. 배짱만으로 한 번 부딪쳐 보는 것이다. 가만히 앉아만 있다면 무엇이든지 이루어 질 확률이 제로이기에!

　나는 살면서 길을 잃었다고 생각했을 때마다 항상 책을 찾았다. 실연한 백수로 인생의 바닥을 경험해 봤을 때 내 몸을 일으켜 세워 처음 간 곳이 도서관이다. 그 때 나를 붙잡아 준 책 한 권이 있다. 세계적인 동기부여가이자 성공학의 대가, 브라이언 트레이시Brian Tracy의 모험담이 담긴 책《내 인생을 바꾼 스무 살 여행》이다. 변변치 않은 학력조차 없는 그는 현재 8억 원짜리 강연을 하는 동기부여가이다. 그는 누구나 믿음으로 실천만 하면 성공할 수 있다는 메시지를 세상에 전파하고 있다. 브라이언 트레이시는 스무 살 때 수중에 가지고 있던 삼백 달러의 돈을 가지고 사하라 사막을 횡단하겠다는 무모한 결심을 한다. 미국에서부터 프랑스와 스페인, 남아프리카를 거쳐 대륙과 대양을 종횡무진하며 광활한 사하라 사막에 도착하기까지 3년이 걸렸다. 히치하이킹, 아르바이트 등 무수한 계획과 시행착오를 거쳐 갔다. 자신의 육체적 한계와 정신적인 한계를 뛰어 넘는 기적을 경험했다. 젊은 날의 도전에서 인생의 진리를 배운 그였다. 여행에서 돌아올 때 그는 3년 전의 순박한 청년이 아니었다. 그가 인생의 진리와 성공의 지름길에 대해 배운 일곱 가지 원칙이다.

"1. 어떤 일이나 성공의 문을 열어주는 가장 중요한 열쇠는 목표를 세우고 목표를 향해 첫걸음을 떼는 것이다.

2. 목표를 향해 첫걸음을 떼었다면 그 이후로 실패의 가능성을 조금도 생각하지 말라.

3. '한 번에 하나씩!' 이라는 원칙대로 충실히 산다면, 당신은 세상에서 가장 위대한 목표도 성취해낼 수 있다.

4. 반대하는 사람을 멀리하라.

5. 성공의 사다리를 끝까지 오르고 싶다면, 어려움과 난관을 결코 피해갈 수 없는 소중한 통과의례로 기꺼이 받아들여라.

6. 목표를 분명히 설정하라. 그러나 그 성취 과정에서 유연하게

중국어 전공 수업을 듣기 위해 하루에 두 번 세 번 언덕을 올랐던 기억이 떠오른다. 정도 많이 들었던 베스컴 홀 앞에서 졸업 기념 사진을 찍었다.

링컨 동상 위에 앉으면 부자가 된다는 미신이 있어 학교를 떠나기 전 수많은 졸업생들이 2m 높이 동상 위에 앉아보기 위해 이곳을 찾는다.

김승혜의 해외도전 청춘상담소

대처하라.

　7. 누구나 혼자의 힘으로는 성공할 수 없다."

　"4번. 반대하는 사람을 멀리하라."를 곰곰이 생각해 봤다. 내가 방황한 시기를 돌아보니 나를 항상 흔들고 좌절시킨 것은 다름 아닌 나였다. 꿈과 도전에 반대하는 목소리가 항상 머릿속에 따라 붙지 않은가? 머릿속의 그 목소리를 멀리해야 한다. 천리 길도 한 걸음부터이다. 두려워 말고 일단 시작하는 것이다. 문제 안에 과감히 뛰어 들어가면 그 문제는 겉에서 보는 것만큼 거대하지 않을 때가 많다. 하나씩 할 수 있는 것부터 헤쳐 나가면 된다. 그러면 다음에 취해야 할 행동이 명확하게 보이기 시작한다.

　나의 여정에서 얻은 또 하나의 무기는 겁을 상실한 자신감이다. 요즘 TV 광고 하나가 내 눈길을 사로잡았다. 배우 오달수 씨가 조선시대의 선비로 등장한다. 야밤에 외출 준비를 하며 '많이 놀아 본 새가 멀리 본다.'고 말한다. 많이 다니며 다양한 경험을 해야 창의적인 시야와 관점을 갖춘다는 여행정보 앱 광고이다.
　그 광고를 보고 나만의 캐치프레이즈가 떠올랐다.
　'멀리 날아 본 새가 멀리 본다.'
　나는 멀리까지 날아본 그 경험을 통해, 더욱 크고 강인한 날개를 갖게 되었다. 독이 되는 먹이와 안전하고 빠른 비행경로를 구분하는 눈을 갖게 되었다. 또한 친구와 적을 구분하는 노련함에 날을 세웠다. 드넓은 대지를 품을 수 있는 포용력을 지니게 되었고 거센 비바람에도 비상을 멈추지 않는 투지를 갖게 되었다. 지금 나에게 어떤 것도 두려울 것이 없다. 더 멀리 더 높이를 바라보며 비상을 꿈꿀 뿐이다.

나는 낯선 세상을 경험하며 더 큰 용량과 다양한 기능을 수용할 수 있는 새로운 하드웨어를 얻었다. 그래서 어떤 의미로 내가 다시 태어났다고 생각한다. 그 나라의 언어를 구사한다는 것은 그 민족의 사고와 가치관을 이해하는 것이기도 한다. 중국어와 영어를 구사하는 만큼 세계를 더욱 폭넓게 이해한다는 의미이기도 하다. 한국은 내가 태어난 국가이지만 미국과 중국에서 나의 정신을 살찌우고 성장시켰다.

또한 브라이언 트레이시나 나폴레옹 힐 같은 세계적인 동기부여가들의 가르침을 바탕으로 영어 교육 프로그램을 제작 중이다. 나는 중국을 포함한 동남아시아와 영어권 나라에 내 책이 출간 되는 날이 올 것이라고 꿈꾼다. 나아가 마윈이나 닉 부이치치 같은 성공자들을 인터뷰 하겠다는 야망을 가슴에 품고 있다. 세상을 향한 나의 배짱 좋은 도전장 리스트에 결코 마침표는 없다.

해외도전은 나에게 스스로가 강인한 존재임을 일깨워 주었다. 내가 겪어온 시간을 돌아보니 앞으로 내 인생에 닥칠 시련이 있다면 그 마저도 못 이겨낼 이유가 없다는 자신감이 든다. 영국의 옥스퍼드대에서 단 몇 초만의 졸업식 연설을 마친 윈스턴 처칠은 이렇게 외쳤다.

"Never, Never, Never Give up! 절대, 절대, 절대로 포기하지 마시오!"

내가 포기하지 않는 한 내 꿈은 영원히 살아있다. 세상에 유일하게 영원한 것이 있다면 내 꿈에 대한 신념이라고 생각한다. 유학에서 남은 소중한 유산은 A+의 성적표가 아니었다. 도전의 가치에 대한 깨달음, 새로운 도전을 두려워하지 않는 용기 그리고 스스로에 대한 확신이 바로 이것이내게 주어진 가장 큰 유산이었다.

네모난 사고의 틀을 깨라

그날 밤 내가 마치 격정적인 폭풍우가 몰아치는
바다 한 가운데에 서있는 듯 했다.

타코벨이라는 멕시칸 음식 패스트푸드 체
인이 몇 년 전 국내에도 들어 왔다. 저렴한 가격에 매콤한 이색 음
식을 맛 볼 수 있는 식당이다. 미국에서 느끼한 음식에 지친 마음을
달래 준 그 식당을 한국에서도 발견하니 엄청 반가웠다. 타코벨 광
고 문구는 'Think out of the bun' 이다. 햄버거 빵을 '번 bun' 이라
고 한다. 결국 햄버거 말고 색다른 패스트푸드 즉 멕시칸 음식인 타
코를 권하는 것이다. 이 문구는 'Think outside box"라는 표현을
응용한 것이다. '네모난 상자 밖에서 독창적인 아이디어를 내라. 틀
에 박힌 사고를 회피하라.' 는 뜻이다. 나는 상자를 빵으로 대체한
이 어구를 너무나 좋아한다. 귀에 쏙 박히는 이 짧은 말이 강렬한
메시지를 담고 있기 때문이다.

귀국해서 살며 가끔 답답함을 느끼는 이유 중 하나는 모두에게 획일적인 삶을 기대하고 강요한다는 점이다. 일본과 같은 경우 진로에 따라 대학을 가기 때문에 대학진학률이 약 48%밖에 되지 않는다. 우리나라에서 고등학생이 꿈 때문에 대학을 안 가겠다고 외친다면 부모님부터 뜯어 말릴 것이다. '인서울' 대학 정도는 가야 하고 모두가 전문직이나 공무원 같은 안정적인 직장을 가져야 한다.

더군다나 성형의 대중화로 공장에서 찍어내듯 똑같은 얼굴들이 강남을 즐비한다. 적정 나이가 되면 회사에 들어가고 결혼을 해야 된다. 이것을 못하는 사람은 철이 안 든 애 취급을 받거나 어딘가 문제가 있는 사람으로 받아들여진다. 여성의 나이는 크리스마스 케이크와 같아 25살이 지나면 가치가 떨어지다니! 아버지는 가족을 위해 돈 버는 기계가 되어야 하고 하물며 기러기 아빠가 되는 처절함도 버텨야 한다. 다 자식의 미래를 위해서이다. 모범적인 어머니는 자신의 꿈을 실현하기보다는 자식과 가족의 뒷바라지를 하며 희생해야 한다.

왜 틀에 벗어나 자유롭게 살면 명절마다 친척들의 걱정의 대상의 돼야 하는 것일까. 직장 동료, 친구 모두가 이런 저런 의미 없는 조언을 퍼붓기도 한다. 그렇게 귀에 딱지가 앉게 반복되는 잔소리를 듣다 보면, 본인 스스로도 이런 생각을 떨쳐 낼 수가 없다.

'내가 정말 이상한 건가? 나는 왜 이렇게 못났지?'

결국 남들과 똑같은 삶을 강요하는 사회 분위기가 열등감을 조성한다. 때문에 자신감 부족을 겪고 있는 사람이 많다. 결국 한국 사람들은 남과 비교만 하다가 불행한 얼굴로 하루하루를 살아간다.

한 인터뷰에서 카카오 그룹 김범수 의장은 악착같이 살지 말고 다른 관점으로 문제를 보라고 말했다. 성실은 어렸을 때부터 우리에게 주입된 교육이자 가치이다. 열심히 사는 게 뭐가 문제가 될까 싶지만, 나는 맹목적인 성실은 큰 문제라고 생각한다. 우리는 아무 생각 없이 남들 다 가는 데로 부지런히 걸어간다. 도태되기 전에 부지런히 따라잡아야 한다. 그 가치 자체는 훌륭한 것이다. 문제는, 무엇을 위해서 어떤 꿈을 꾸어야 하는지는 배우지 않았다는 것이다. 어렸을 때부터 꿈, 돈, 성에 대한 현실적인 교육을 제대로 받았다면 우리 대한민국이 지금보다 더 많이 성장하지 않았을까? 현재의 직장인들은 대부분 삶에 대한 어떤 목적의식도 없이 하루하루 열심히만 살아간다. 남의 꿈의 도구로, 일개미로 아주 성실하게 그렇게 말이다.

나 역시도 이 '평범'이라는 주류의 가치와 싸우는 데 오랜 시간을 투쟁해 왔다. 누가 시킨 것도 아닌데, 내 머리 속에 달라붙은 고정관념과 열등감이라는 녀석은 떨쳐내기가 쉽지 않았다. 풀타임 일과 대학원을 병행하며 끼니도 거르며 뛰어 다닐 때도 나는 자신이 만족스럽지 못했다. 잘 나가는 친구와 비교하면 스스로가 참 초라해 보이기 그지없었다. 인정은커녕 내가 마음에 안 들어 견딜 수 없

위스콘신은 겨울이 몹시도 길고 혹독하리만큼 춥다. 체감온도 영하 30도까지 내려가는 날씨에서 열정과 사랑은 내게 없어서는 안되는 방한복과도 같았다.

었다. 우리 엄마는 대기업에서 근무하는 내 친구를 부러워하셨다. "그 아이 엄마는 아무 걱정 없겠다."라고 말씀하셨다. 하지만 정작 내 친구는 말했다.

"우리 엄마는 유학 안 하고 대기업에 취직한 애들도 있는데, 나는 뭐냐고 해. 유학 보내준 거, 돈 아깝대."

늦은 나이에 운 좋게 들어간 직장에서 인정받기 시작할 쯤에도 마음 한켠의 공허함이 나를 바닥으로 끌어 내렸다.

'이것은 내 꿈이 아닌데, 남들 보기에 번듯한 직장이니 계속 다녀야 하나? 그렇다면 내 꿈이 무엇일까? 내 꿈이 과연 무엇이길래 이렇게도 나를 괴롭히는 것일까?'

아무런 방향도 없이, 목적의식도 없이 방황했던 나날들이 계속됐다. 어느 날 방황 속에 빛을 찾아 헤매다 우연히 참석하게 된 성공학 강연에서 하나의 외침이 내 가슴을 후벼 팠다.

"시간! 시간! 시간이 너무나 소중합니다! 유명해져서 책을 써야겠다고 생각하지 말고, 책을 써서 유명해지세요. 거꾸로 생각해야 합니다. 자신이 이루고 싶은 꿈에서부터 출발해 거꾸로 생각하세요."

시간을 외치는 강연가의 목소리가 절규처럼 꽂혔다. 내 눈에서 뜨거운 눈물이 흘렀다. 우울증과 무기력증에 빠져 시간이 흘러가는 것을 넋 놓고 바라만 보던 나에게 너무나 절실한 말이었다. 매일 주어지는 24시간은 삶의 조각이자 자신의 일부이다. 나는 회사에서는 모니터 앞에 앉아, 집에서는 TV 앞에 멍 하니 앉아 하염없이 시간을 낭비해 버리고 있었다. 나를 망가뜨리는 습관에 익숙해져 내 자신을 방치해 두고 있었다. 그 반복되는 고리의 고통을 즐기고 있었던 것 같다.

그 천둥 번개 같았던 강연 후 나는 잠을 이룰 수 없었다. '내 꿈이 가능하다' 는 말은 나의 온 몸과 정신을 정통으로 강타했다. 온 몸이 두드려 맞은 듯 얼얼하고 뾰족한 통증까지 느껴졌다. 짜릿한 충격에 정신이 혼미했다. 그날 밤 내가 마치 격정적인 폭풍우가 몰아치는 바다 한 가운데에 서있는 듯 했다.

폭풍우가 잠잠해지자 내 길이 보였다. 며칠 뒤 과거의 일기를 들추어 보다 몇 년 전 내 꿈을 적어놓은 것을 발견했다.

'나의 책을 쓴다. 언제가 나만의 TV쇼를 진행하며 성공자들을 인터뷰한다.'

당장 내 믿음을 실천으로 옮기기로 했다. 남들이 가는 길에서 벗어나 나의 길을 가기로 했다. 지금 이 시작점에서부터 길 저 편에 원대한 꿈이 놓여 있다. 하나씩 이루어가기 위해 매일 정진해 나간다. 남과 비교하지 않으니 정답도 없고 서둘 필요도 없다. 어제의 나보다 성장해 나가는 것이다. 지금 가고 있는 이 길을 나는 명확히

보고 있다. 나만의 세상이 보인다. 다른 사람들과 같지 않은 나만의
틀로 보이는 나만의 세상 말이다.

그때의 눈물이 나를 키웠다

제가 직면한 어려움과 아픔을 극복해 낸 이야기를 들려주고 싶습니다.
이런 시련을 겪고 있는 친구들을 어루만져 주겠습니다.

●
●

집 떠나 고생이라는 말에 틀린 것이 하나 없다. 안락한 부모 품과 살던 터라는 익숙한 굴레를 떠나면 정말 고생이 따른다. 하지만 그래서 맛본 그 쓰디쓴 시간이 참 값지게 느껴지는 지금이다. 좋은 약은 입에 쓰다고 하지 않은가. '위기'에 앞 글자만 가리면, 기회라는 뜻의 '기'자만 남는다. 그 감당하기 어렵던 도전과 시련들이 나를 키웠다. 그 시련이 내가 성장하고 강인해질 수 있는 시험이었음을 이제는 안다. 하늘이 주신 성장통이었음을 잘 알고 있다.

나는 눈물이 헤프다. 누가 우는 것만 봐도 눈물을 흘릴 정도이다. 결혼식, 동물 다큐멘터리, 간혹 만화영화만 봐도 하염없이 공감

7년의 해외 도전 내내 만화영화 주인공 캔디처럼 '외로워도 슬퍼도 나는 안 울어' 식으로 더 밝게 웃고 크게 웃었다. 속으로 초라한 마음이 들수록 더 말이다.

하고 감동한다. 어쩔 때는 내가 지금 슬퍼서 우는 것인지 그냥 우는 것인지 헷갈리기도 한다. 이런 내가 7년의 세월 동안 눈물 흘렸던 날은 정작 손에 꼽는다. 한번 울음이 터지면 내가 무너질까봐 울지 않았다. 꾹 참고, 차가운 듯한 표정으로 감정을 텅 비우고 나면 눈물이 나지 않았다. 여덟번의 홈스테이 집을 옮겨 다니며 수많은 이별과 만남을 반복하면서도 남들 앞에서 절대 울지 않았다. 샤워기를 틀어 놓은 목욕탕에서, 이불을 뒤집어 쓴 내 방이 아니고서야 절대 눈물을 보이지 않았다.

오프라 윈프리는 세계 최고의 토크쇼 진행자이자 동기부여가이다. 그런 그녀도 어린 시절 가난과 부모님의 이혼으로 여러 집을 전전하며 살았다. 그러다 아홉 살이라는 어린 나이에 친척들로부터 상습적인 성폭행을 당하기도 했다. 또한 열아홉에 임신한 아이가 유산되는 아픔도 겪었다. 이런 시련이 있었지만, 그녀는 세계 최고의 토크쇼 진행자로 우뚝 섰다.

이렇게 토크쇼의 여왕으로 길을 가기까지 순탄한 것은 아무 것도 없었다. 적성에 맞지 않았던 뉴스 앵커라는 업무를 견뎌오며 탈모와 늘어난 몸무게 때문에 수많은 비난을 감내해야 했다. 그러나 그녀의 이런 힘든 시간은 그녀의 포용력을 넓혀주었고 상대방을 매료시키는 강인한 힘을 발휘하게 했다. 또한 오히려 그녀의 약점인 살을 소재로 재미있는 이야기를 시청자들에게 전달하며 친밀감을 불러일으켰다. 그렇게 그녀의 토크쇼는 인기몰이를 하기 시작했다.

타 프로그램과 차별화해, 결혼생활의 불륜과 폭력 그리고 낙태와 자살 같은 시사적인 주제를 다루었다. 게다가 증오범죄, 근친상간, 무식욕증, 아동학대, 성적학대 등 광범위한 주제도 다루었다. 그녀가 약자들의 위치에 처해 보지 않았다면, 세상의 상처받은 모든 이와 그렇게까지 깊이 소통하고 공감할 수 없었을 것이다.

그렇게 1985년 9월 〈오프라 윈프리 쇼〉가 태어났다. 부자가 된 그녀는 자선사업을 시작했으며 시청자들은 사랑을 나누는 그녀의 선행에 더욱 더 열광했다. 그녀의 방송은 솔직하고 재미있지만 사람들의 아픔을 치유했다. 그녀는 세계 최고의 쇼로 거듭났다. 아픔과 시련의 경험으로 타인의 상처를 이해하고 보듬어 줄 수 있었던 오프라 윈프리. 그녀는 과거의 눈물을 성공과 더 큰 사랑을 나누는 기적으로 만들었다. 눈물을 사랑과 성공으로 탈바꿈 시킨 연금술사가 된 것이다.

나도 나의 경험이 누군가에게 도움이 될 수 있을 것이라는 믿음 하나로 책을 시작하게 되었다. 그리고 이 책을 쓰며 그 사명감과 확신은 더욱 확고해졌다. 나의 경험을 나누면 누군가는 위안을 얻을 것이며 누군가는 자극과 동기부여를 얻을 것이다. 또한 간접경험으로 유연하게 대처하거나 위험을 미연에 방지할 수 있는 지혜를 얻을 수도 있다. 이런 꿈은 내 안에 예전부터 잠재되어 있었다.

대학원에 있을 때 이화여대의 국제 학생 프로그램 일자리에 지

대학을 결정할 때 팜플렛에서 나를 단숨에 사로잡았던 멘도타 호수. 항상 위스콘신의 여름은 젊음과 맥주, 아이스크림 그리고 음악소리로 낭만에 가득찼다.

원한 적이 있다. 유학생과 어학연수생들을 돕고 그들의 불편함을 해결하고 도와주는 일이었다. 인터뷰에서 예상치 못한 강도 높은 압박 면접이 나를 기다리고 있었다. 두 명씩 짝지어 들어간 인터뷰는 수준급의 동시통역을 요구했다. 실제 연설문을 동시통역하라는 테스트는 나와 경쟁자의 혼을 쏙 빼 놓았다. 그 후에 자질과 인성에 대한 인터뷰가 진행되었다. 인터뷰를 진행하신 학장님이 왜 내가 이 일에 적합한 인재인지 이야기 해보라고 했다.

"저 김승혜는 해외도전을 하고 있는 청춘들을 위한 프로그램을 만들어 그들을 돕는 데 최고의 열정을 쏟아 부을 자신이 있습니다. 왜냐하면 그들의 고충을 십분 이해하고 공감할 수 있기 때문입니다. 7년 동안 미국에서 혼자 생활하며 홈스테이와의 문제가 끊이지 않았습니다. 고등학교 내내 여덟 번의 집을 옮겨 가며 흘린 눈물이 이루 말할 수 없습니다. 심리적인 외로움, 외국인과 친구가 되기 위한 눈물겨운 노력, 차별로 인한 서러움을 모두 겪어 보았습니다. 그 아픔을 저처럼 아는 사람은 또 없습니다. 다 겪어 보았기 때문에 유학생들을 어떻게 도울 수 있는지 정확히 알고 있습니다. 제가 직면한 어려움과 아픔을 극복해 낸 이야기를 들려주고 싶습니다. 이런 시련을 겪고 있는 친구들을 어루만져 주겠습니다."

학장님은 내 확신에 찬 눈빛에서 어떠한 강렬한 인상을 받으신 것일까? 인터뷰 후에 나를 따라 나오셔서 한참이나 이야기를 하셨다. 프로그램의 비전에 대한 전반적인 설명을 해주셨다. 명함을 쥐어 주시며, 무슨 일이 있으면 꼭 찾아오라고 하셨다. 인터뷰 동안 내 눈에서, 내 목소리에 담긴 무엇인가를 보셨음에 분명했다. 해외에 도전하는 청춘들을 긍정적인 방향으로 이끌고 뒤에서 아낌없이 응원하겠다는 나의 소명을 보신 것이다.

미래에 나는 이 학장님을 다시 뵙게 될 것을 강하게 믿고 있다. 나는 모교를 비롯한 많은 학교에서 해외에 도전하는 청춘들을 도울 수 있는 프로그램과 강연을 할 것이다. 자라날 미래의 새싹들이 아픔으로부터 보호받고 바르게 커 나갈 수 있도록 내 경험을 나누고 싶다. 그 때의 눈물이 나를 키웠다. 그 경험의 이야기로 더 많은 사람들에게 기적을 선사하고 싶다.

유학이 나에게 가르쳐 준 것들

오빠가 알고 있던 이 세계가 전복되는 엄청난 경험을 하고 올 거야.
언어가 아니라 바로 그 점이 오빠를 알에서 깨어 나오도록 할거야.

많은 사람들이 유학, 어학연수, 워킹홀리데이, 배낭여행 등을 떠나는 데 그 명목만 다를 뿐이지 공통적인 목적이 깔려있다. 그것은 배움과 성장을 위함이다. 그러나 누구나 현실적인 장벽, 예를 들어 금전적인 문제의 현실에 부딪쳐 고민을 하곤 한다. 하지만 더욱 중요한 질문은 '얼마가 드느냐?' 가 아니다. 바로 '얼마의 가치를 경험하고 오느냐?' 이다. 한 마디로 이 경험을 통해서 얼마의 가치를 창출할 수 있는지, 어떤 미래를 만들 수 있는지가 더 중요하다.

나 역시도 단순히 영어를 배우러 미국에 갔다. 하지만 그 경험을 돌아보니 내가 배우고 온 것 중 언어는 아주 작은 부분에 불과했다.

삼성SDS에서 영어를 가르쳤을 때 학생으로 만나 알고 지내는 지인이 있다. 대기업에서 과장으로 별 무리 없이 근무하고 있던 그가 만나자고 연락이 왔다. 이야기를 나눠 보니 그는 퇴사와 어학연수나 MBA를 가는 것에 대해 심각하게 고민 중이었다. 그는 나의 의견을 물어 왔다. 매우 조심스러운 부분이었지만 그를 위해 신중하게 대답을 했다.

"그 질문은 일단 오빠가 원하는 꿈이 뭐냐에 달려있지."

"그런데 나는 내가 원하는 꿈이 무엇인지 아직 잘 모르겠어. 갔다 오면 언어는 배우게 될 테니 그냥 가볼까?"

"그런데 오빠, 막상 가보면 언어는 아주 일부분에 지나지 않다는 것을 느끼게 돼. 막연한 소리 같겠지. 떠나면 오빠가 아는 이 세상이 전부가 아니라는 것을 보게 될 거야. 한국사회의 사고방식, 사람들이 사는 삶 등 오빠가 알고 있던 이 세계가 전복되는 엄청난 경험을 하고 올 거야. 언어가 아니라 바로 그 점이 오빠를 알에서 깨어 나오도록 할 거야. 그러고 나면 보다 더 넓은 세상이 오빠 앞에 펼쳐질 거야."

며칠 뒤 문자가 왔다. 그는 회사를 정리하고 외국으로 떠날 결정을 했다고 전해왔다. 안락한 울타리를 과감히 벗어버린 그의 용기에 나는 감탄을 금치 않을 수 없었다.

고등학교 때 외국어 동아리 활동을 하며, 두 선선생님과
나, 쉐넌, 진희, 그리고 엠마.

큰 세상에 홀로 떨어져 드넓고 새로운 세계를 보는 것은 두려운 일이다. 이 강렬하고 괴로운 경험은 그 만큼 당신을 성장시킬 것이다. 당신은 익숙하고 좁은 시야에서 벗어나 인생에 대한 넓은 시야와 깊은 통찰력을 가지게 된다.

한국에서만 살던 어릴 적 친구들을 만나면 점점 공통 관심사가 줄어들고 관점의 차이가 있음을 느낀다. 그 중 하나가 어느 날 자신이 동성애자라는 고백을 했다. 초등학교 때부터 남자처럼 옷 입고 행동하던 애였다. 이미 어느 정도는 눈치 채고 있었던 일. 그러나 이 커밍아웃을 다른 친구들은 거세게 반발했다. 결국 우리는 만나는 횟수가 줄고 연락이 뜸해졌다.

저들에게 유학 경험이 없어서 나와 가치관이 다르다고 판단 하기는 힘들다. 하지만 어느 정도는 영향을 미쳤다고 생각한다. 나는 더 큰 세상을 경험해서, 삶의 다양함을 인정하는 법을 배웠다. 옳고 그름이 없음을 깨달았다. 다시 기회가 주어진다면 백 번이라도 망설임 없이 떠날 것이다. 겪어온 시련보다 깨우치고 얻은 것이 더 값지다. 값을 매길 수 없는 인생교훈을 얻어온 것이다. 그 교훈으로 담대하고 거칠 것 없는 사고와 확장된 의식을 안고 내가 새롭게 태어날 수 있었다.

이전에 소개팅이 하나 들어왔다. 상대는 아이비리그에 다닌 경험이 있는 사람이었다. 대화도 잘 이어지고 괜찮은 사람임이 분명했다. 미국 이야기를 하며 공감할 수 있는 것이 많았다. 그는 명문인 코넬대에 입학했지만 향수병으로 귀국하고 말았다. 그리고 국내 의학전문대를 준비하고 있었다. 그와 대화를 나누는데 내 머리 속에서 얕은 생각이 굴러가는 소리가 들려왔다.

'아니, 그렇게 좋은 학교까지 갈 수 있을 정도로 똑똑한 사람이 향수병 하나를 못 견디고 돌아왔단 말이야? 나 같았으면 신이 나서 다녔을 텐데. 그 학교를 졸업했으면 더욱 승승장구할 수 있었을 텐데……. 의지가 약한 사람 같아.'

사실 그는 의지가 약해 보이지도 않았고 진중해 보였다. 사실, 그가 이성적으로 끌리지 않아서 나도 모르게 불평거리를 찾았던 것 같다. 여하튼 머릿속에서 엉터리 논리가 펼쳐지며 그를 판단하고 있었다. '내가 해낸 것을 그가 못했다? 그러므로 그는 나보다 못났다?' 는 말도 안 되는 생각이었다.

그런데 돌아 보니 나의 옛 친구들의 좁은 사고방식과 그 때 나의 논리가 크게 다르지 않다는 것을 깨달았다. 내 친구들도 커밍아웃한 아이가 자신들과 다르다는 이유로 그르다고 말했다. 누구에게나 모든 상황이 다르게 적용될 수 있는데, 상대를 나만의 잣대로만 재고 있었던 것이다.

'You do what you've gotta do. 사람은 해야 할 일을 할 뿐이다.' 라는 표

현이 있다. 이 말처럼 누구나 자신이 처한 상황에서 최선의 선택을 할 뿐이다. 같은 상황일지라도 각자의 경험과 감정이 사정에 따라 다를 수 있다. 다시 그 소개팅 상대의 이야기로 돌아간다면, 그는 실패하지 않았다. 만약 그가 정말 안 맞는 유학, 미국 명문대라는 타이틀을 포기하고 귀국했다면 그것 또한 큰 용기가 필요한 결단이었을 것이다. 유학은 중도 포기했지만 한국에 와서 꾸준히 꿈을 향해 나아가고 있었다. 그 역시도 성공을 위한 하나의 과정일 뿐이다.

무엇이 성공이고 실패인가? 모두 다른 대답이 나올 것이다. 답은 없다. 정도도 없다. 모두 자신에게 맞는 선택을 하고 자신의 위치에서 최선을 다할 뿐이다. 에디슨이 전구를 발명하기 전까지 만 번 이상의 실패를 거쳤다. 지금 우리는 만 번이나 거듭되었던 그의 시도를 실패라고 평가하는가? 그렇지 않다. 그 모든 과정을 성공을 위한 과정, 위대한 투지와 불굴의 도전정신이라고 높이 산다.

실패를 실패라고 판단하기는 성급하다. 과거 넘어졌던 그 순간을 돌아보기를 바란다. 패배주의에 빠져 일어날 엄두를 못 내고 있지는 않은가? 자신이 이루어 낸 얕은 성과에 취해 진실에 눈이 어두워지지는 않았나? 모두에게 다르게 적용되는 상황과 조건을 나만의 잣대로만 판단하고 있지는 않은가? 해외도전의 시간이 내게 던진 질문들이다. 나는 이 여정 끝에서 크나큰 인생수업이 얻었다. 자만하지 말 것. 다름을 인정할 것. 옳고 그름을 판단하지 말 것. 실패나 성공은 바라보는 관점에 의해 결정될 뿐이라는 것. 내가 찾은 인생수업의 답이다.

지금을 견디지 못하면 내일도 없다

외국에서 사는 것 자체가 굉장히 큰 도전인 것이다.
매 순간 어려움이 돋친 가시밭길이며, 동시에 그 만큼 값지고
아름다운 보석이 숨겨진 보물섬이기도 하다.

● 중국 격언 중에 이런 말이 있다.

"포기해야겠다는 생각이 들 때야말로 성공에 가까워진 때다."

그러나 수많은 사람들이 이를 보지 못하고 이내 포기해 버린다. 작심삼일로 끝난 다이어트, 영어 정복의 결심으로 시작했지만 흐지부지 된 학원, 스트레스로 무너진 금연, 마라톤 완주를 포기했던 순간 등등. 만약 포기한 그 순간이 성공의 100미터 앞이었다면 어떤 마음이 들겠는가? 만약 그 순간으로 돌아가 우리가 계속 견디어 냈다면 며칠 안에 모든 문제가 말끔히 해결되고 빛을 볼 수 있었다면? 생각만 해도 짜릿하지 않은가. 그러나 현실에서는 맥없이 멈추어 버린 내 두 발이 원망스러워 허탈하다.

지금 눈앞에 결승선이나 문제의 해결책이 보이지 않아 막막함이 느껴질 수도 있다. 하지만 이 캄캄한 어둠 속에서 멈추지 않고 걸어 나가는 것이다. 성공이 손에 닿을 듯 말 듯 하다는 말이 있다. 극심한 시련에 정말 놓아버리고 싶을 때, 바로 지금이 성공의 목전이라고 외쳐 보아라. 하루 더, 열흘 더 버틸 힘이 날 것이다. 멈추지 않는 한 도착하지 않을까? 'Soon or later 언젠가'이라는 말처럼!

귀국 직후 미래에 대한 불투명함에 몸과 마음이 다 지쳤을 때 우연히 한 공연에 갔다. 친구가 티켓을 구해와 앤토니 랩Anthony Rapp의 1인 뮤지컬 쇼《위드아웃 유 Without You》를 보러 갔다. 배우 한 명이 여덟 명의 배역을 완벽하게 소화해 내는 것이 굉장히 인상적이었다. 예상 밖으로 그 공연은 놀라울 정도로 뜨거운 감동을 내게주었다. 나올 때 나의 마음은 벅차오름으로 먹먹해 져 있다.

실화가 바탕이 된 이 이야기는 뮤지컬 렌트의 제작 당시 현실을 감동적으로 그려낸다. 주인공은 가족과 주변사람들의 만류에도 자신의 꿈을 향해 정진해 나간다. 제작자의 죽음, 어머니의 암 투병, 극장의 재정난과 캐스팅의 어려움 등이 닥치지만 주인공은 끝내 포기하지 않고 나아간다. 결국 수많은 고난 끝에 끝내 꿈을 쟁취해내고 만다. 더욱 나를 매료시켰던 것은 극 중 주인공의 변함없는 투지와 열정이었다. 그의 열정을 뿜어내는 목소리는 내 심장을 울렸다.

그날은 어두운 미로에 갇힌 듯한 나에게 작은 희망을 보여 주었다. 이 터널도 결국 끝이 있다는 희망.

그의 뜨거웠던 열창이 아직도 가슴에서 생생하게 들린다.

"You just have to go through. You just have to go through. You just have to go through. 계속 그렇게 가는 거야. 계속 그렇게 가는 거야. 계속 그렇게 가는 거야."

공연이 끝날 무렵 나는 울고 있었다. 나는 그의 팬이 되었다. 그날의 공연은 어두운 미로에 갇힌 듯한 나에게 작은 희망을 보여 주었다. 이 터널도 결국 끝이 있다는 희망.

1866년 남아프리카공화국에서 우연히 다이아몬드가 발견되었다. 곧 스코틀랜드 광물학자 제임스 그레고리James Gregory가 이 지역에 조사 차 방문했다. 그러나 그는 이 땅이 다이아몬드의 생산지가 아니라고 보고했다. 이전에 나온 다이아몬드 또한 우연히 보석을 삼킨 타조 배설물로 인해 이곳에 옮겨진 것이라고 판단했다. 그러나 보고가 발표된 지 단 며칠 만에 그 지역에서 83캐럿짜리 다이아몬드가 발견되어 세상을 놀라게 했다. 오늘날 사람들은 세계 최대 다이아몬드 생산지인 이 지역을 '남아프리카의 별'이라고 불린다.

나의 과거만 돌아봐도 이런 결정은 수두룩하다. 이런 경우, 대부분 그 때는 너무 힘들어 놓아 버릴 수밖에 없는 선택이라고 자위했다. 어쩔 수 없는 선택이었다고, 할 만큼 다 해봤다고 그렇게 믿고 싶었다. 하지만 돌아보니 이는 자기합리화가 아니었을까. 기회를 쥐고 있다가 놓아버리고 만 것에 대해 미련과 허망함이 따를 뿐이다. 내가 나를 이겨 보지 못했기에. 그 끝에 어떤 보물이 숨겨져 있을지 알 길이 없기에.

정말 포기하고 싶은 순간, 이를 기억하라. 우리 시대를 이끄는 리더와 선구자를 보면 늘 역사에 남겨진 위대한 업적 이전에 인내와 끈기가 선행했다. 에디슨의 위대한 발명품인 전구도 그가 만 번의 실패에서 포기했다면 지금 이 세상에 존재하지 않았을 것이다.

외국에서 사는 것 자체가 굉장히 큰 도전인 것이다. 매 순간 어려움이 돋친 가시밭길이며, 동시에 그 만큼 값지고 아름다운 보석이 숨겨진 보물섬이기도 하다. 사막처럼 외로웠던 첫 해, 내가 중도에 포기하고 돌아왔다면? 아무 것도 안 들리고 아무것도 보이지 않던 영어라는 벽에 무릎 꿇었다면? 물 빠진 독과 같았던 중국어를 쉽게 놓아 버렸다면? 지금의 나, 김승혜는 없었다. 견뎌낸 과거의 순간들이 모여 지금의 나를 만든 것이다. 그리고 치열하게 꿈을 향해 달려가는 오늘이 내일의 승리를 만든다. 지금을 견디지 못하면 내일도 없다.

일반인들과 성공자들은 실패를 받아들이는 관점에 매우 큰 차이가 있다. 내과 의사이자 연구 과학자였던 조나스 솔크Jonas Salk는 소아마비 백신 개발이라는 위대한 업적을 남겼다. 그는 실패 또한 어느 정도는 성공으로 가고 있는 길이라고 여겼다. 되는 방법과 안 되는 방법을 판가름할 수 있는 과정에 불과하다고. 연구원들이 실험이 수포로 돌아간 그 날의 결과에 대해 힘없이 보고하면 그는 "좋아, 위대한 발견을 한 거야!"라고 말했다. 그는 예상치 못한 결과나 실패를, 넘어야 할 도전의 하나라고 본 것이다.

우리는 일시적인 실패를 너무 심각하게 여긴다. 훌훌 털고 일어나면 그만인 것을. 끈기와 오뚝이 정신 그 자체를 보여주는 한 예가 있다. 바로 하버드의 서진규 박사이다. 그녀는 찢어지게 가난했던 상고출신 여학생에 무일푼으로 미국 땅에 갔다. 가발공장 직공, 파출부부터 식당일까지 수많은 궂은일을 거쳐 여군에 입대하여 하버드에 합격하는 영광을 누린다. 그 기쁨도 잠시, 군의 해외 파견 근무, 육아, 남편의 가정폭력과 병마로 인해 16년이나 지나서야 그녀는 꿈을 이루게 된다. 미국에 온지 30년, 공부를 시작한 지 17년 만에 하버드 박사라는 타이틀을 거머쥔다. 빨리 찾아온 성공도, 찬란한 영광도 진정한 가치를 지니고 있는 것이 아니다. 조급함을 버리고 약해지려는 마음을 다잡고 묵묵히 정진하는 이 순간 이야말로 진정으로 위대한 승리이다.

권투 헤비급 챔피언 잭 뎀프시_{Jack Dempsey}는 챔피언을 다음과 같이 정의했다.

"챔피언은 자신이 일어설 수 없다고 느끼는 순간에도 결국 일어서는 사람이다."

꿈을 이루는 사람들은 절대 끈기와 인내를 놓지 않는다. 세차게 맞은 한 방에도 굴하지 않는 것이다. 어떤 때는 한 번에 겨우 한 발짝 밖에 못 나갈 수도 있고, 어떤 때는 조금 뒷걸음 친 것처럼 보일 수도 있다. 그럼에도 불구하고 포기하지 않는 것, 그것이야말로 진정한 승리이다.

내 깡의 8할은 해외도전의 경험에서 온다

나는 깡을 가지고 내 무대에 오른다.
아무 것도 몰랐던 어린 소녀가 세계 각국에서 생존해 돌아오기까지,
강단과 자신감으로 안 되는 것은 없다는 것을 배웠다.

•
•

● 스물다섯 살에 강사 일을 처음 시작하게 된 계기는 내 뜻대로 되는 일이 하나도 없었기 때문이다. 졸업 후 실연의 아픔에 허덕이며 반 년 간 백수로 지냈다. 대학원 입학을 원했지만 그마저도 보기 좋게 떨어졌다. 적어도 내 용돈을 벌어야 했기에 강사를 시작하게 되었다. 처음 일자리를 구하러 다닐 때 어떻게 해야 할지 몰라 이력서를 출력해서 가까운 학원에 무작정 찾아갔다. 무조건 원장님을 뵙게 해 달라고 배포 있게 인터뷰를 요청했다.

나이를 숨기라는 말을 어학원이나 에이전시로부터 수없이 들어왔다. 그도 그럴 것이 갓 대학생 티도 안 벗은 새파랗게 어린 애가 부모님 나이 보다 훨씬 넘는 성인을 두루두루 가르쳐야 했다. 내 첫 직장은 성인영어학원의 강사였다. 일대일 수업으로 하루에 최고 열

여섯 명의 다양한 직종과 배경의 사람들을 만나 수업을 했다.

일대일 수업이 이루어지는 작은 교실 안에서 유대감을 형성하고 나를 신뢰한 학생들은 별의 별 고민 상담을 해 왔다. 그러나 가끔은 난감한 경우도 있다. 예를 들어, 저명한 대학교의 교수님 한 분은 하나부터 열까지 그녀의 모든 일상을 내게 상담해 왔다. 결혼 생활 문제, 직장 세력 싸움, 자녀 교육, 하물며 학교 행사 파티까지……. 하루에 전화를 수도 없이 하셨지만 나는 도와 드리고 싶어도 딱히 방도가 없어 보였다.

스물일곱 살에는 대학교에서 강의를 하기도 했는데, 한 남학생은 사실 나와 동갑내기였다. 프로다워 보이도록 정장을 차려 입고 진한 화장으로 커버해 보려고 안간힘을 썼다. 하지만 보통 깡이 아니고는 어려운 일이었다.

그러다가 기업 강연을 시작하게 되었다. 기업임원을 단독으로 가르치거나 회사원을 대상으로 수업을 하며 그들의 다양한 인생과 고충을 엿보게 되었다. 외국인 상사와 멋지게 한 판 싸워보기 위해서, 글로벌 컨퍼런스 콜에서 망신당한 경험을 만회하기 위해서, 딸아이한테 영어 잘하는 멋진 엄마가 되기 위해서, 금발의 미녀와 한번 사귀어 보기 위해서 등, 그들이 공부하는 이유는 다양하다.

수많은 사람들이 고민 상담을 위해 연락을 해 온다. 영어 공부를 하며 어려운 점을 토로하려고, 승진 시험 때문에 단기간에 시험 성

추리닝에 머리를 질끈 묶고 가방을 짊어지면 준비 끝이었던 대학시절. 나
의 미래를 개척해야 하는 지금 치렁치렁한 무거운 걱정거리는 아무 소용
이 없다. 용기와 결단, 행동만이 답다.

적을 취득해야 되서, 직장을 그만 두고 꿈을 찾아 가려고 등등, 가끔은 지극히 개인적인 이유도 적지 않다. 고등학생 때 나에게 영어를 배우다 조기 유학을 떠난 제이라는 아이가 있다. 대학생이 된 그와 가끔씩 만나기도 한다. 종종 미국에서 여자친구와의 문제나 진로 상담을 요청해 오기도 한다.

'선생님, 제 여자친구가 첫 성관계 후에 너무 놀라고 두려워해요. 어떡하죠?'

'선생님, 방학 때 이런 인턴십 프로그램에 원서를 내 볼까 하는데요. 한국에 가서 공부하는 게 나을까요? 아니면 인턴을 하는 게 나을까요?'

이런 어린 친구들의 고민 상담은 내가 도움을 줄 수 있어 언제나 반갑다. 나의 과거를 보는 것 같아 아무리 바빠도 성심 성의껏 답변한다. 나와 같이 머나먼 땅에서 해외도전을 하는 어린 친구들을 보며 도움을 주고 싶다는 생각이 간절해졌다.

남을 가르친다는 것은 지식 이상의 많은 것이 요구된다. 책임감, 리더십, 동기부여, 넓은 상식과 교양 등, 상당히 많은 능력이 필요하다. 그 중 제일 필요한 것은 깡이다. 나의 수업에 대한 자부심 그리고 내 가르침이 이 학생을 성장시킬 수 있다는 확신이 있어야 한다. 내 경험을 바탕으로 터득한 공부법으로 탄탄한 프로그램을 만들어 수업을 운영한다. 가르치는 사람과 배우는 사람의 신뢰와 열정이 기반이 되면 거기에 놀란만한 화학작용이 일어난다. 그 시너지 효과는 실제로 놀라운 실력 향상을 가져온다. 매번 어떤 기적 같은 변화도 가능할 수 있다는 깡으로 수업에 임한다.

하루는 제일제당 영업 부서에 근무하시는 분이 전화했다.

"선생님, 저 2년 전에 수업 했던 학생 XXX입니다. 기억하시죠? 저 그 때 오픽Opic 공부 했던 거 아직도 점수 안 나와서 승진을 못하고 있어요. 이번에는 꼭 승진해야 되는데, 그 영어점수 하나 때문에 이러고 있어요."

절박함이 전화기 너머로 전해졌다. 그러나 나는 흔쾌히 공부를 시작하자는 말을 할 수가 없었다. 그 분의 영어 실력은 'I am a boy.' 와 같은 단순한 문장도 어려울 만큼 기초가 안 되어 있었다. 그리고 시험이 한 달 조금 넘게 남은 시점이라니 거의 승산이 없어 보였다. 그 학생은 2년 전에 만나 가르칠 때도 나를 참 버겁게 했다. 강의하는 사람에게 호응은 물이고 빛이다. 인상을 한 껏 구기고 앉은 그가 극도로 짜증이 나 있음을 단박에 느낄 수 있었다. 첫 수업부터 그가 나를 싫어한다고 오해할 정도였다. 그는 내가 무슨 말만 하면 팔짱을 끼고 인상을 쓰며 고개를 절레절레 저었다.

그래도 그에게 더욱 각별히 신경을 쓰도록 노력했다. 칭찬과 재치 있는 농담으로 조금씩 그에게 다가갔다. 나중에 알고 보니, 그

화려한 뉴욕씨티의 광고에 어리둥절 했다. 뉴욕 한복판에 선 한국회사 광
고를 발견하고 반가웠다.

분은 영어에 대한 거부감이 너무 커서 수업시간에 부정적인 태도로 일관했던 것이다. 그래서 특별히 그 에게만 기초를 위한 패턴 위주의 개별과제를 주어서 수업 후 따로 봐주고는 했다.

예전이나 지금이나 버겁고 부담스러운 학생, 그러나 애착이 가는 학생이었다. 항상 '나는 안 된다' 를 입에 달고 사는 그 분께 나는 깡다구 있게 외치곤 했었다.

"I never give up on my student. Any of my students, any single of them, I NEVER GIVE UP! 저는 제 학생을 포기하지 않습니다. 어떤 학생이라도, 단 하나의 낙오자도 절대 용납하지 않습니다!"

이렇게 깡과 열정으로 이끌었던 학생인데 끝까지 함께 가야 한다는 책임감이 느껴졌다. 그가 나를 신뢰했기에 어렵게 전화한 것이 아닌가. 그 때부터 주말을 몽땅 반납하고 집중과외를 시작했다.

업무와 술 접대 등으로 지친 그를 다독이며 끌고 가는 것도 쉽지 않았다. 무엇보다도 너무 기초가 안 된 상태에서 한 달 반 만에 점수를 따도록 했다. 사실 처음에는 나도 자신이 없었다. 그러나 리더는 아무리 자신이 없어도 그것을 내비치면 안 된다. 목표를 이루기 위해서 그 목표가 진정으로 가능한 것임을 학생이 믿게끔 만들어야 한다. 그 목표가 가능한 것임을 생생하게 보여주고, 끊임없이 용기를 북돋아 주어야 한다. 그 다음에는 목표를 잘게 쪼개어, 하나씩 쉽게 정복해 나갈 수 있도록 이끌어야 한다.

강도 높은 수업이 거의 매일 진행되었다. 그렇게 강인하고 고집스러워 보이던 40대 남성이 좌절감에 눈물 흘렸던 날도 있었다. 나는 그를 끊임없이 격려했다. 나는 결코 그를 포기하지 않았다. 놀랍게도 조금씩 반신반의 하던 우리에게 길이 보이기 시작했다. 무엇보다도 그 학생 스스로가 공부에 재미를 붙이고 나니, 게임의 승률은 확실히 높아졌다. 그리고 두 달 뒤 문자 한 통이 왔다.

"Teacher, I passed!"

내 일처럼 즐거워하며 날아갈 듯 격양된 목소리로 축하 전화를 했던 그 밤이 기억난다. 이것은 그 학생의 싸움이었지만 나의 싸움이기도 했다. 내 깡으로 내 믿음으로 기적을 이루어냈다. 확신으로 밀어붙여서 불가능을 가능하게 만들었다. 뿌듯하고 놀라움을 감출 수 없는 순간이었다.

대한민국에서 내놓으라 하는 기업체부터 대학교의 커다란 강단까지 나는 수업을 하러 간다. 나는 깡을 가지고 내 무대에 오른다. 아무 것도 몰랐던 어린 소녀가 세계 각국에서 생존해 돌아오기까지, 강단과 자신감으로 안 되는 것은 없다는 것을 배웠다. 공부법을 하나씩 터득해가며 영어와 중국어를 쓰러뜨리기까지, 끈기는 결코 배신하지 않는다는 것을 배웠다. 이런 인생의 지혜를 배우며 소심하던 어린 소녀는 강인해졌다. 불가능은 없다는 것을 두 눈으로 봤다. 할 수 있다는 확신은 세상에 변화를 가져 온다. 그 깡으로 나는 오늘도 최고의 수업을 하러 간다.

내 꿈에 마침표는 없다

나는 모든 문제의 열쇠는 내 안에 있다고 믿는다.
꿈으로 각성된 뇌와 심장은 나를 잠재우지 않는다.

누구나 인생에서 힘든 시기가 있다. 내 인생
에서 가장 힘들었던 시기는 외국에서 남의 집 살이를 하다 쫓겨난
때도 아니고 죽을 만큼 아픈 실연도 아니었다. 중학교 때 학교폭력
에 시달렸을 때도 아니며, 성인이 되어 하루 네 시간씩 자면서 일과
대학원을 병행하던 때도 아니었다. 내 인생에서 가장 힘들었던 순
간들을 가만히 들여다보면 하나의 공통점이 보였다. 바로 꿈을 잃
어버린 시간이라는 점이다. 나는 삶에서 꿈을 잃어버리고 방황을
하던 순간이 가장 견딜 수 없을 만큼 힘들었다.

좀비처럼 아무 생각도 열정도 없이 움직이고 밥을 먹고 일을 하
며 산다. 기쁨도 자극도 없이 반복되는 하루하루. TV를 끌어안고
입에 끊임없이 무언가를 집어넣으며 시간이 흘러가는 것을 바라보

위스콘신주립대의 푸르른 베스컴 힐.

여름이면 학생들이 자유로이 잔디에 누워서 쉬거나 공부를 한다.

고만 있다. 내가 꿈을 잃어버릴 때마다 단골로 나오는 습관이다. 그러면서 깊은 늪에 빠진다. 소화불량, 잦은 복통, 불면증, 무기력함, 생리불순. 몸이 먼저 말하면 마음도 따라 반응하기 시작한다. 아무것도 하기 싫고 미치도록 내 자신이 싫다. 거울 속의 내 모습을 증오하기도 했다. 그런 모습으로 아무도 만날 수 없어 괴로워하곤 했다. 그냥 살다 보면 한번쯤 오는 우울증인 줄 알았는데 그 원인이 바로 잃어버린 꿈이었다.

꿈을 찾기까지 수많은 방황의 시간이 있었다. 나를 믿지 못했기에, 내 가슴이 보여주는 미래를 믿지 않았다. 내 가슴이 말하는 소리를 들을 수도 없었다. 남들이 말하는 사회의 기대와 기준에 맞추어 따라가지도 못하고 내가 하고 싶은 대로 밀고 나갈 용기도 없었다. 젊은 날의 끝없는 방황. 나는 용기 있게 결단을 내렸다.

지금 내 나이 서른. 내일 죽어도 좋을 만큼 행복한 일을 찾았다. 글을 쓰겠다는 꿈을 꾸는 것이 아니라 그 꿈을 직접 실현하고 있다. 하루하루 천직을 찾은 것 같은 충만함으로 가득 차오른다. 뭐라고 형용하기 어려운 느낌이다. 오롯이 나의 시간 안에서 작업을 하고 성장해 나가고 있다. 가끔은 나의 꿈이 끝없이 커져가는 모양을 바라보고 있자니 덜컥 겁이 나기도 한다. 나의 꿈이 한도 끝도 없이 매일 자라나고 있기 때문이다.

나는 모든 문제의 열쇠는 내 안에 있다고 믿는다. 이 메시지를 담아 해외도전 청춘 멘토링 프로그램을 운영하며 희망의 메시지를 전하고 싶다. 더 나아가 대학교와 기업체에서 영어 동기부여 강연가로 활동하며 수많은 사람들이 영어의 콤플렉스를 타파하고, 인생의 해답도 찾을 수 있도록 이끌고 싶다.

현재 나는 성인을 위한 프리미엄 영어교육 프로그램을 제작 중이다. 꽉 막힌 영어의 원인이 심리적인 콤플렉스에서 비롯된다. 그 실타래를 풀 열쇠인 영어교육 프로그램을 제작 중에 있다. 대한민국의 탑 인재들과 이를 꿈꾸는 이들이 세계적인 리더로 나아갈 수 있도록 실질적인 날개를 달아준다는 소명을 안고 말이다.

또한 그러면서 더 큰 꿈이 가슴 안에 싹을 틔웠다. 나는 당당히 외친다, 앞으로 TED ^{미국 비영리 강연회} 무대에 직접 서 대한민국의 동기부여가와 메신저의 위상을 세계에 널리 떨쳐 보이겠다는 것을! 나아가 더 큰 궁극적인 꿈은 바로 내 이름을 건 세계적인 TV쇼 〈이너뷰〉를 진행하는 것이다. 다양한 성공자를 인터뷰하며 그 진솔한 이야기를 담아 많은 이들에게 방황해도 괜찮다는 메시지, 자신을 믿고 꿈을 찾아야 한다는 메시지를 전하고 싶다.

내 꿈에 마침표는 결코 없다. 나는 무궁무진한 꿈을 매일 들이마시며 살고 있다. 생각만으로 가슴이 벅차올라 온 몸이 떨려오기도 한다. 꿈으로 각성된 뇌와 심장은 나를 잠재우지 않는다. 하지만 수면부족이면 어떠하리. 이 조차 너무나 행복하다. 계속 부풀어 나가는 꿈풍선에 깔려 행복한 비명을 지르는 오늘이기에.

떠나라, 세상이 당신을 기다리고 있다

당신이 문을 여는 순간 세상은 당신을 또 다른 곳으로 이끌 것이다.

어렸을 때 뜻도 모르고 읽은 책 《데미안》. 그 책을 덮고 나니 어떤 강렬한 느낌이 나를 압도했다. 이후로 한참이나 그 이상야릇한 느낌이 오랫동안 나를 괴롭혔다. 그 책을 읽고 나서 내가 미쳐가는 것은 아닐까 상상까지 했었다. 무언가 형용할 수 없는 중압감과 갑갑함이 나를 죄어왔다. 알을 깨고 나와 새로운 세상을 만난 주인공의 변태가 어린 내 가슴 속에 그렇게 각인되었다. 알을 깨고 나오는 것, 그것이 나에게는 한국을 떠나는 것이 아니었을까 싶다.

해외도전의 길에 수많은 두려움이 따를 것이다. 떠나기 전에도, 후에도 하루하루 버티면서 힘든 시간이 따를 것이다. 사실 우리 인생에 두려움이나 외로움은 항상 같이 따라오는 동반자이다. 이 녀

석들을 오랜 벗처럼 인정하고 안고 가는 것은 어떨까.

우리가 망설임으로 어떠한 결단을 내리지 못하고 있을 때, 머릿속에서 항상 '해 보자'는 목소리와 '그냥 포기하자'는 목소리가 싸우곤 한다. 영화《아키라 앤 더 비 Akeelah and the Bee》속의 인상적인 한 장면이다. 장애를 극복하고 내셔널 스페링 비 국내 단어 철자 맞추기 대회에 출전하는 소녀와 코치 라라비 박사가 독대하는 장면이다. 코치가 아키라에게 벽에 있는 액자를 가리키며 읽어보라고 말한다. 아키라가 읽기 시작한다.

"우리의 가장 큰 두려움은 우리 존재가 불충분하다는 것이 아니다. 바로 우리 자신이 측정할 수 없을 정도로 강력하다는 것이다. 우리는 스스로 자기 자신에게 묻는다. '훌륭하고, 멋지고, 유능한 사람이 되려는 나는 누구인가?' 실제로는 그렇게 되지 않으려는 당신은 누구인가? 우리는 우리 내부에 신의 영광을 나타내기 위해 태어났다. 우리는 스스로 그 빛을 발할 때 은연 중에 타인에게도 그 빛의 일부가 전해진다."

"그게 무슨 말인 것 같니?"

"두려워하지 않는 거요."

"뭘 두려워하는데?"

"저…… 자신을요."

그렇다. 단 한번이라도 우리가 망설이는 이유가 우리의 존재가 너무나 강력한 존재라는 것이 두려워서라고 생각해 보았는가? 이 사실을 알았을 때 나는 마음속에 깊은 전율을 느꼈다. 나는 과거에 줄곧 그 반대로 생각해 왔다. 욕심은 많아도 의지가 약해 시작한 무엇이든 금방 포기해 버리는 나에게 실망감이 가득 했다. 여러 차례 반복되는 그 실망도 익숙해 졌다. 속으로 이렇게 생각하곤 했었다.

'나는 내가 끝까지 시도하고 가봤을 때, 내 존재가 아무 것도 아니라는 것을 깨닫게 될까봐 두려운 거야. 내가 그것을 이루어 낼 능력이 없는 시시한 존재임을 직접 확인하는 것이 두려운 거지. 그래서 '하면 잘 할텐데' 라는 변명의 여지를 남기기 위해서 항상 중도에 포기해 버리는 거야. 나는 꿈만 크고 행동으로 옮길 수 없는 바보야.'

많은 사람들이 자기 잠재력을 과소평가한다. 항상 꿈은 적당히 현실적으로 잡는 거라고 선을 그어 버린다. 하지만 그게 아니다. 당신이 망설이는 그 두려움의 밑바닥에 당신이 생각하는 것과 정확히 반대의 세상이 펼쳐져 있다. 끝없이 뻗어나갈 수 있는 자신의 가능성이 무한한 세상! 바로 그것이다! 어쩌면 세상의 원리는 간단한 것이 아닐까. 믿는대로, 마음가짐대로 모든 것이 바뀐다. 우리의 표정이 바뀌면 겉모습이 바뀌고, 행동거지가 바뀌면 지금 이 순간이 바뀌지 않겠는가. 변화된 현재가 쌓이면 결국 미래도 바뀐다.

"큰 꿈을 가져야 그 꿈에 맞게 우리가 성장할 수 있다."

미국 여배우 조지 비셋Josie Bisset이 말했다. 나는 큰 세상을 보고 싶다는 꿈을 안고 미국으로 갔다. 어렸을 때 화려하고 멋진 도시를 군림하는 멋진 커리어 우먼이 된 나를 상상했다. 그리고 지금의 내가 있다. 외국어에 대한 자신감으로 빛나고 있다고 세상 어디에 떨어져도 살아남을 수 있다는 확신이 가득하다. 어떤 사람을 만나더라도 친구가 될 수 있다는 믿음이 가슴 속에 숨쉬고 있다. 그리고 내가 이루어 낼 세상에 어떠한 한계도 없음을 무엇보다도 잘 알고 있다.

우리 모두의 하루하루가 기적이다. 지금 어렵고 힘이 드는가? 이를 참아내는 당신의 하루가 바로 기적이다. 그리고 그 기적의 주인공이 바로 당신이다. 우리 모두가 살아오는 동안 수많은 역경과 고난을 이겨냈다. 순탄한 인생에 조차 크고 작은 굴곡이 있기 마련이다. 그럼에도 불구하고 너무나 많은 사람들이 이 사실을 잊고 살아간다. 급급한 일상에, 열등감에, 돈 벌기에, 스트레스에 치여서, 자신의 강인함과 생명력의 위대함에 대해 잊고 살아간다.

혹자는 말할 것이다. 세상사가 그렇게 말처럼 쉬운 것이 아니라고. 현실적인 장벽이 있기 마련이라고. 그러나 역경을 딛고 이겨낸 사람들은 그와 다른 말을 한다. 할리우드의 미술총감독으로 활발하

미드에서 본 화려한 뉴욕씨티에 내가 있었다. 미래에 이 화려한 도시를 군
림하는 커리어우먼이 되기를 꿈꿨다.

게 활동하고 있는 한유정은 세상에 과감히 뛰어 들어 꿈을 이루어 냈다. 회사에 입사해 자신의 미래가 갇혀있음을 느끼고 유학 갈 준비를 했다. 직장생활을 하며 시간을 쪼개서 엄청난 포트폴리오를 제작해 장학금을 받으며 USC를 당당하게 졸업했다. 세 개에 1달러짜리 햄버거를 얼렸다 녹여 먹으며 궂은 아르바이트와 조교 생활을 마다하지 않았다. 생활비를 벌고 영어를 배운다며 궂은 일을 일석이조의 기회로 여겼다. 가족들의 반발, IMF으로 인한 경제난, 도둑이 들끓는 위험한 동네, 언어의 장벽, 외국인에 대한 차별, 할리우드의 텃새를 모두 딛고 일어났다. 그녀의 저서 《꿈보다 먼저 뛰고 도전 앞에 당당하라》의 한 부분이다.

"꿈을 외쳐봐! 세상이 답해줄 거야……. 만일 박수 소리에 안주해 꿈을 포기해버렸다면 10년 뒤 나는 평범한 회사원으로 남았을 것이다. 세월이 흘러 진급이 되었더라도 내가 진정으로 원하던 무대디자이너라는 꿈은 그대로 편안함 속에 묻히고 말았을 것이다."

우리를 꿈으로부터 가로막는 것은 오직 자신뿐이다. 현실에 대한 안주와 타협, 주변의 목소리에 흔들리는 것, 꿈에 대한 의심 등이 모든 게 나에게서 비롯된다. 경제적인 난관, 가족 문제, 나이의 한계, 그 어떤 것도 뛰어 넘을 수 있다. 당신은 이미 그런 전지전능한 가능성을 품고 있는 존재이다.

믿어 보아라. 스스로를 믿는 것이다. 이 믿음이 곧 자신의 꿈에게 기회를 주는 것임을! 세상이 당신을 기다리고 있다. 당신이 문을 여는 순간 세상은 당신을 또 다른 곳으로 이끌 것이다. 날 수 있다는 것을 믿고 과감하게 뛰어내려야 한다. 나는 당신이 용기를 가지고 더 넓은 세상으로 향하기를 바란다. 당신의 행동반경을 넓히고 의식을 확장시키는 것이다. 당신이 무궁무진한 잠재력을 세상에 떨치기를 가슴이 뜨겁고 간절하게 열망하고 있지 않은가? 이제 당신이 용기를 내야 하는 차례이다. 당신이 날아볼 차례이다.

뉴욕 자유의 여신상.

뉴욕주 북부 시골에서 2년이나 살며

뉴욕씨티는 처음이었다.

앞으로 나의 미래가 어떻게 펼쳐질지,

어디까지 뻗어나갈지......

Watch me how far I go.

대한민국 청춘의 아름다운 해외도전기

김승혜의 해외도전 청춘상담소

초판인쇄	2016년 1월 15일
초판발행	2016년 1월 20일
지은이	김승혜
발행인	조현수
펴낸곳	도서출판 더로드
표지&편집 디자인	오종국 Design CREO
ADD	경기도 고양시 일산동구 백석2동 1301-2
	넥스빌오피스텔 904호
전화	031-925-5366~7
팩스	031-925-5368
이메일	provence70@naver.com
등록번호	제2015-000135호
등록	2015년 06월 18일
ISBN	979-11-955702-3-2-03740

정가 15,800원